Isolde Mack · Aus der Entspannung leben

Isolde Mack

Aus der Entspannung leben

Selbsthilfe durch Autogenes Training

Kreuz Verlag

© by Dieter Breitsohl AG
Literarische Agentur Zürich 1988
Alle deutschsprachigen Rechte
beim Kreuz Verlag Stuttgart

Kreuz Verlag Stuttgart 1988
Umschlaggestaltung: Jürgen Reichert, Kornwestheim
Umschlagfoto: Franz Killmeyer
Satz: Typobauer, Ostfildern

ISBN 3 7831 0942 6

Inhalt

Einleitung 9

Das Autogene Training und seine Wirkungsweise 11

Der Weg in die Entspannung 13

Der Weg zurück in die Anspannung 14

Praktische Vorbemerkungen 15
    Die äußeren Voraussetzungen 15
    Die Körperhaltung beim Üben 16
    Der Zeitpunkt zum Üben 17
    Die Länge der Übungen 18
    Die Häufigkeit der Übungen 19
    Störungen beim Üben 20

Die Übungen 23
    Die Zielvorstellung 23
    Die Schwere 24
    Die Wärme 25
    Die Atmung 29
    Das Herz 30
    Der Leib 31
    Der Kopf 33
    Übungsabfolge 36

Techniken zur Anwendung des Autogenen
    Trainings im Alltag 37

Die Teilentspannung 37
Die formelhafte Vorsatzbildung 38
Das Kurztraining 40
Spannungsübungen als Hilfe zur Entspannung 41

Streß als Belastung im Alltag 45

Das Autogene Training beim Umgang mit den
   Streßsymptomen 46
   Hektik 50
   Konzentrationsschwierigkeiten 54
   Ängste 58
   Schlafstörungen 61
   Körperliche Symptome 66
   Abhängigkeiten 69
   Erschöpfung 72

Das Autogene Training beim Umgang
   mit den tieferen Ursachen der Streßsymptome 76
   Leistungsdruck und Überforderung 76
   Kränkung und Kritik 81
   Unsicherheit und Sorgen 86
   Belastende Lebenssituationen und Krisen 93

Inhalt

Das Autogene Training bei der Neuorientierung
  im Alltag   97
  Neue Ziele festlegen   98
  Leistungsfähigkeit erhöhen   104
  Selbstvertrauen stärken   109

**Die Oberstufe des Autogenen Trainings –
autogene Imagination**   115

Die Technik der Oberstufe   116

Die Verwendung der Oberstufenbilder   117

Die Oberstufenbilder   119
  Die Farben   119
  Die konkreten Gegenstände   121
  Die Fremdperson   123
  Die Eigenperson   125
  Der Meeresgrund   127
  Die Bergeshöhe   129
  Die abstrakten Werte   130

Schlußwort   135

Literaturverzeichnis   137

Mein Dank gilt meinem Mann, Günther Mack,
der durch seinen Rat und seine Ermutigung
meine Arbeit ermöglicht und gefördert hat.

Einleitung

Jeder Mensch erlebt in seinem Alltag, daß Gefühle von Lust und Unlust, Zufriedenheit und Enttäuschung, Wohlbefinden und Mißempfindung wechseln. So kennen wir alle Tage, an denen wir uns wohl fühlen, leistungsfähig sind und an denen uns die Dinge, die wir uns vornehmen, gelingen. Aber wir alle kennen auch jene anderen Tage, die uns bedrücken und an denen wir unzufrieden sind. Wir kennen Tage, an denen wir uns glücklich fühlen, weil wir heiter in uns ruhen und voll Selbstvertrauen mit anderen umgehen können, und wir kennen jene anderen Tage, an denen die Unrast uns treibt, an denen wir uns einsam um uns selbst drehen und nervös, erschöpft und zutiefst angespannt sind. Diese Schwankungen können die verschiedensten Ursachen haben. Wir wissen aus unserer täglichen Erfahrung, daß sie mit dem angespannten Willen kaum steuerbar sind. Wir sind diesen Gefühlen ausgeliefert. Wir sehnen uns jedoch danach, ausgeglichener zu sein, mehr in uns selbst zu ruhen und weniger störanfällig zu sein. Wir spüren auch, daß solche innere Ausgeglichenheit für unser gesamtes Wohlbefinden gut wäre und das Zusammenleben mit anderen erleichtern würde.

Man muß sich nun klarmachen, daß auf die gefühlsmäßigen Schwankungen, die sich auf die Leistung und das Verhältnis zu anderen Menschen auswirken, stets der ganze Mensch reagiert. Mißempfindungen lösen im Körper Verspannungen aus. Wenn man hinwiederum Verspannungen löst und in die Entspannung kommt, wirkt sich dies auch auf den ganzen Menschen aus, und sein Befinden bessert sich.

Diese Möglichkeit nutzt das Autogene Training aus. Man lernt es, Spannung im Körper wahrzunehmen, zu regeln und abzubauen, und macht dabei die Erfahrung, daß dadurch zunehmend auch die anderen Lebensbereiche positiv beeinflußt werden können.

Mit der Selbsthilfe durch das Autogene Training wird der Streß des Alltags gemindert, die Belastbarkeit erhöht und die Leistungsfähigkeit verbessert. Wenn man so aus der Entspannung lebt, kann man selbst dazu beitragen, daß die eigenen Möglichkeiten genutzt werden, um in einen ausgeglichenen und harmonischen Lebensrhythmus zu kommen.

Das Autogene Training und seine Wirkungsweise

Das Autogene Training ist ein Entspannungstraining, durch das man lernt, sich selbst so zu steuern, daß man entspannen kann, wenn man dies möchte oder braucht. Professor J.H. Schultz (1884 – 1970) hat 1932 in seiner grundlegenden Monographie »Das Autogene Training – Konzentrative Selbstentspannung« die Methodik der Entspannungsübungen dargestellt. In Tausenden von wissenschaftlichen Arbeiten wurden seine Erkenntnisse seither bestätigt und erweitert. J.H. Schultz definiert das Autogene Training als »ein vom Selbst (autos) sich entwickelndes (gen = werden) und das Selbst gestaltendes systematisches Üben, ›Training‹«.

Das Autogene Training ist eine Methode der »konzentrativen Selbstentspannung«, das bedeutet, man lernt, durch eine Hinwendung zum eigenen Körper, sich selbst zu entspannen. Diese Hinwendung zum eigenen Körper erfolgt mit Hilfe von Vorstellungen. Man stellt sich ganz ruhig einen Körperteil vor, wie er sich entspannt, und erlebt dann, daß diese Vorstellung sich verwirklicht. Das, was man nur gedacht hat, wird Wirklichkeit, eine Vorstellung wird zu einem Zustand, und der Körper entspannt. Das gelingt am besten mit einer bestimmten Technik und mit festen Regeln.

Das Autogene Training ist eine körperliche Methode, alle Grundübungen dienen der Entspannung des Körpers. Jeder kann es erlernen, und jeder kann dadurch seine Gesundheit und sein Wohlbefinden bessern. Es gibt dabei Grundregeln, wie die Entspannung abläuft, und es gibt Einzelheiten, die bei jedem Menschen verschieden sind und mit seiner Person und Konstitution zusammenhängen. Deshalb sollte jeder seinen eigenen Körper möglichst gut kennenlernen, um auch geringfügige Veränderung der Spannung wahrzunehmen, richtig zu deuten und dann beeinflussen zu können.

Schultz formuliert in seinem Übungsheft:

»*Die konzentrative Selbstversenkung des autogenen Trainings hat also den Sinn, sich mit genau vorgeschriebenen Übungen immer mehr innerlich zu lösen, zu versenken und so für den gesamten Organismus eine von innen kommende Umschaltung zu erreichen, die es erlaubt, Gesundes zu stärken, Ungesundes zu mindern oder abzustellen.*«

Nach Möglichkeit sollte man das Autogene Training unter der Anleitung einer fachkundigen Person erlernen, damit man nicht nur die Information erhält, sondern durch persönliche Ermutigung, Erklärung und auch notwendige Korrektur zum eigenen Erleben hingeführt wird. Wie ein Brief nie die persönliche Begegnung ersetzen kann, so kann auch dies Buch Anstöße geben, aber keinen Kurs ersetzen.

Das Autogene Training enthält in sich keinerlei weltanschauliche oder religiöse Aspekte, weder offen noch verborgen, es ist eine Entspannungsmethode, so wie zum Beispiel eine gesunde, körpergerechte Schlafhaltung auch ein rein körperliches Phänomen ist. Wenn man gut liegt, schläft man besser, wenn die Muskeln entspannt sind, sinkt man schneller in die Entspannung. Diese Erkenntnis ist deshalb so wichtig, weil sie die Voraussetzung dafür ist, daß man sich auf ein Erlernen von Neuem einlassen kann, um es dann in das eigene Leben und Wertesystem mit einzubeziehen. So wie man im erholsamen Schlaf Kräfte tankt, so erlebt auch der Mensch, der sich autogen entspannt, daß durch die Selbstruhigstellung Kräfte frei werden für das, was ihm in seinem Leben wichtig ist.

Der Weg in die Entspannung

In unserer Zeit fühlen sich die meisten Menschen durch die vielfältigen Anforderungen, die jeden Tag an sie gestellt werden, überspannt und überlastet. Sie sehnen sich danach, abschalten zu können und von den inneren und äußeren Spannungen loszukommen. Im Autogenen Training lernt man, in eine tiefe und angenehme Entspannung zu kommen und sich darin zu erholen. Damit schafft man die Voraussetzung für eine verbesserte Leistung auf vielen Gebieten.

Man lernt es, seinen Körper so zu beeinflussen, daß Vorgänge, die normalerweise nur unwillkürlich vor sich gehen, willentlich gesteuert oder hervorgerufen werden können. So erfährt man schon bald, daß durch das bewußte Entspannen von Muskeln und Gefäßen zum Beispiel das Einschlafen leichter gelingt und die Erholung im Schlaf verbessert wird.

Die körperliche Entspannung im Autogenen Training erfolgt immer schrittweise und läuft in einer ganz bestimmten Reihenfolge ab. Wir lernen zuerst, die Muskeln der Arme und Beine zu entspannen. Wenn Muskeln erschlaffen, entsteht ein Gefühl der Schwere. Die Entspannung der Muskeln im Autogenen Training kann man objektiv im Elektromyogramm messen, auch unabhängig von der persönlichen Empfindung. Wir sprechen von der Schwereübung.

Die Entspannung der Muskeln schafft die Voraussetzung für eine Verbesserung der Durchblutung von Händen und Füßen, die als Wärme empfunden wird. Auch hierbei ergeben Messungen eine tatsächliche Anhebung der Temperatur, wobei vor allem bei einem niedrigen Ausgangswert der Temperaturanstieg deutlich feststellbar ist. Dies ist die Wärmeübung.

Schwere- und Wärmeübung bilden die Grundlage für die nun folgende Entspannung der Atmung und des Herzens. Die Umschaltung von der Anspannung zur Entspannung wird vertieft in der Leibübung und der Kopfübung.

Es handelt sich um aufbauende Übungen, eine Übungsstufe reiht sich an die nächste und bildet die Voraussetzung für die darauf folgende. Deswegen muß jede Übung erst eine Zeitlang eingeübt werden, ehe man zur nächsten fortschreiten kann. Es ist allerdings erstaunlich, wie man oft schon nach kurzer Zeit den Beweis für die Wirksamkeit des Autogenen Trainings erfährt, indem man sich nach der Übung erholt fühlt, indem Spannungskopfschmerz weicht, oder indem man sich besser konzentrieren kann.

Das Autogene Training wird nur gedacht, man stellt sich den Effekt der Übungen möglichst plastisch vor. Jeder hat bei sich schon erlebt, wie bloße Gedanken sich körperlich auswirken: Wenn man erschrickt, beginnt man zu zittern, wenn einem etwas peinlich ist, errötet man, wenn man Angst hat, klopft das Herz. So verhält sich der Körper auch ganz analog, wenn man sich gezielt körperorientierte beruhigende Gedanken vorstellt, dann entspannen sich die Muskeln, das Blut verteilt sich, das Herz schlägt ruhig.

Der Weg zurück in die Anspannung

Bevor wir mit den Übungen beginnen, müssen wir uns klarmachen, daß jede Entspannungsübung wieder in die normale Anspannung einmünden muß. Nur wenn sie als Auftakt zum Einschlafen verwendet wird, geht sie in die vollständige Entspannung des Tiefschlafs über und braucht nicht zurückgenommen zu werden. So wie jeder Mensch sich nach dem Schlaf reckt und streckt, so wird auch die autogene Übung stets mit einer Anspannungsübung beendet. Die Formel lautet:

*Arme fest,
beugen und strecken,
tief durchatmen,
Augen auf.*

Dabei werden die Hände kräftig zur Faust geballt und angebeugt, die Füße werden angespannt und bewegt. Beim tiefen Durchatmen wird vermehrt Sauerstoff aufgenommen, und mit dem Öffnen der Augen kehrt man in die Gegenwart zurück. In der Entspannung des Autogenen Trainings ist die körperliche Reaktionsfähigkeit vermindert. Nachdem der Zustand der Entspannung aber genau und kraftvoll beendet worden ist, erlebt man die volle körperliche Leistungsfähigkeit frischer und erholter als zuvor. Sollte man sich noch müde fühlen, muß noch einmal kräftig zurückgenommen werden.

Praktische Vorbemerkungen

Die äußeren Voraussetzungen

Der Ort zum Üben

Während man die Übungen erlernt, ist es wichtig, daß man ungestört ist. Wenn man jeden Moment mit einer Unterbrechung rechnen muß, durch die man aufschrecken würde, kann man sich nicht wirklich der Ruhe hingeben. Für viele Menschen ist das im Berufsalltag schwierig, sie können deshalb zu Anfang nur zu Hause üben. Jugendliche in meinen Kursen bastelten sich Schilder für ihre Zimmertüren: »Bitte nicht stören, Autogenes Training«. Weil die Übungen kurz sind, spielt die äußere Umgebung sonst keine Rolle, solange man nur sicher sein kann, daß man nicht unterbrochen wird. Da man die Augen schließt, versinken schon bald Außenweltreize und Ablenkungen.

Die Kleidung beim Üben

Je bequemer die Kleidung ist, je offener die Schuhe sind, desto weniger ist man eingeengt und desto leichter kann man sich entspannen. Beim Üben zum Einschlafen kann man die Erfahrung machen, wie gut man üben kann, wenn die Kleidung nicht beengt. Für die Anwendung des Autogenen Trainings im Alltag ist es aber erforderlich, daß man lernt, die Übungen spontan in der üblichen Kleidung auszuführen. Auch Schuhe mit hohen Absätzen, enge Gürtel und beengende Oberkleidung, wie wir sie häufig im Alltag tragen, dürfen kein Hinderungsgrund sein. Wir ziehen uns also nie für das Üben um, sondern machen die Übung, so gut sie uns in der gerade getragenen Kleidung gelingt. Der Streß ereilt uns nämlich meist nicht gerade dann, wenn wir im Trainingsanzug auf einem Liegestuhl liegen, sondern im Dienst, bei Prüfungen und beim Autofahren, wenn wir die für uns normale Kleidung tragen. Das Autogene Training soll nicht in einer optimalen Sondersituation, sondern in unserem Alltag seinen Platz finden.

Die Körperhaltung beim Üben

Im Liegen

Im Liegen wird die Übung zuerst auf dem Rücken ausgeführt. Die Arme liegen locker neben dem Körper, die Schultern werden gesenkt, die Füße fallen leicht auseinander. Wer ohne Beschwerden auf dem Rücken liegen kann, verwendet diese Haltung auch zum Einschlafen. Oft bessern sich Rückenbeschwerden, wenn man mit Hilfe des Autogenen Trainings lernt, häufiger auf dem Rücken zu ruhen, ohne daß die Wirbelsäule verdreht wird. Wer jedoch lieber in einer anderen Haltung einschläft, auf der Seite oder auf dem Bauch, der dreht sich nach den Übungen ganz sachte in die gewohnte Einschlafhaltung. Wenn man einige der Übungen schon beherrscht, kann man versuchen, sie im Liegen gleich in der gewohnten Einschlafhaltung zu verwenden.

Im Sitzen

Um die autogenen Übungen im Sitzen durchzuführen, muß man für sich selbst eine bequeme Haltung finden. Man sucht nach der bequemsten Stellung, die einem unter den gegebenen Umständen möglich ist. Man rückt hin und her, bis man wirklich beschwerdefrei sitzt. Man kann sich in einem Lehnstuhl anlehnen und auch den Kopf stützen, man kann in der Aufrichtung frei sitzen, und man kann auch in der Rundung in sich zusammensinken. Dies ist die sogenannte Droschkenkutscherhaltung. Letztlich muß jeder seine beste Haltung in einer gegebenen Situation selbst finden. Besonders Menschen mit Verspannungen in der Nakkenmuskulatur müssen sorgfältig darauf achten, daß sie beschwerdefrei sitzen.

Die Beine dürfen nicht übereinandergeschlagen werden, damit die Durchblutung nicht behindert wird. Die Hände ruhen locker auf den Oberschenkeln. Die Augen werden geschlossen, um Außenreize abzuschotten. Sie werden aber nicht krampfhaft zugekniffen, sondern die Lider senken sich wie von selbst. Ist dies unangenehm, so schaut man auf einen ruhigen Punkt in einiger Entfernung oder auf einen Arm.

Der Zeitpunkt zum Üben

Um die Übungen einzuschleifen, so daß sie zur Selbstverständlichkeit werden, ist es günstig, wenn man sie möglichst immer zur gleichen Zeit durchführt. Dabei knüpft man das Üben nicht an eine Uhrzeit, sondern an eine Situation. Man gewöhnt es sich an, regelmäßig das Autogene Training nach dem Frühstück zu üben, ehe die Hetze des Tages beginnt, oder in der Mittagspause oder nach getaner Arbeit oder beim Einschlafen. So kommt man in eine Regelmäßigkeit, die immer weniger Überwindung erfordert, weil man sehr bald spürt, daß einem die Übungen für die jeweilige Situation Gewinn bringen. Es ist ein Lernen am Erfolg, zu dem man sich leicht motivieren kann. So wird die allgemeine Umschaltung schon bald zu einer Fertigkeit, die einem immer zuverlässiger gelingt.

Die Länge der Übungen

Wenn man die Länge der autogenen Übungen betrachtet, so muß man zwischen der Übung im Liegen und im Sitzen unterscheiden. Die Ruheübung im Liegen dient der Erholung oder dem Einschlafen. Von Anfang an kann man im Liegen die Übung ausdehnen, solange es angenehm ist, häufig wird sie ja in den Schlaf übergehen. Wenn man nicht über der Übung einschläft, muß man sorgfältig und kräftig zurücknehmen, sobald man anschließend wieder aufstehen will.

Im Sitzen geht man anders vor als im Liegen. Hier übt man zuerst nur ganz kurz, 1 – 1 ½ Minuten reichen. Dadurch vermeidet man, daß sich das Blut zu stark umverteilt. Man lernt so sich selbst und seine Körperreaktionen erst kennen, ehe man die Länge der Übungen ausdehnt. Die Übungen werden nur dann verlängert, wenn dies als angenehm empfunden wird und außerdem genügend Zeit vorhanden ist.

Gerade im Sitzen möchte man jedoch oft die empfundene Spannung senken, obwohl man nur wenig Zeit hat. Ein elastisches Vorgehen hat sich bewährt. Man probiert aus, wie man das Bedürfnis zum Üben mit der geringen zur Verfügung stehenden Zeit in Einklang bringen kann, und stellt bei sich fest, welches Minimum an Zeit man in einer bestimmten Situation aufwenden muß. Die Erfahrung wächst da im Laufe der Zeit.

Die Häufigkeit der Übungen

Wenn man sich fragt, wie oft man das Autogene Training üben soll, so lautet die Antwort für die Liegehaltung und für das Sitzen verschieden. Es empfiehlt sich, das Autogene Training im Liegen fest an das tägliche Einschlafen zu koppeln. Sehr bald wird das zur Gewohnheit, erleichtert das Einschlafen und vertieft den Schlaf. Auch wenn man über der Übung einschläft, wirkt sich das Autogene Training positiv aus. Es stellt sich eine Regelmäßigkeit ein, die zu begrüßen ist.

Im Sitzen dagegen ist es nicht günstig, wenn man die Häufigkeit der Übungen für sich und andere starr regelt. Gerade am Anfang des Erlernens wird daraus leicht ein Zwang, und wenn man sich nicht diszipliniert genug verhält, bekommt man das Gefühl des Versagens und ein schlechtes Gewissen. Dies ist aber das falsche Motiv für das Autogene Training. Man muß anders vorgehen.

Während man die Übungen erlernt, macht man zunehmend die Erfahrung, daß sie einem guttun. Zwar kann man in den ersten Wochen in der Einübungsphase die Übungen noch nicht in kritischen Situationen anwenden, aber man erlebt schon Erfolge im Alltag. Die Freude darüber ermutigt und schafft ein Bedürfnis zum Üben. Wer zum Beispiel erlebt, wie die kalten Hände in der Übung warm werden, ist gespannt darauf, ob ihm die Umschaltung auch bei der Arbeit am Schreibtisch gelingen wird. Es entsteht ein Bedürfnis zum Üben, das sich nach den jeweiligen persönlichen Lebensumständen richtet. Je mehr man sich nach einer Änderung der momentanen Situation sehnt, desto stärker ist die eigene Motivation zum Üben. Man sollte die Häufigkeit der Übungen spontan für sich festlegen, so wie es einem guttut und man das Bedürfnis dazu verspürt.

Störungen beim Üben

Im Autogenen Training soll alles, was während einer Übung geschieht, angenehm sein. Tritt eine Mißempfindung auf, so soll man sich nicht zusammenreißen und sie unterdrücken, sondern man soll sie als Störung wahrnehmen. Erst wenn man die Störung als solche registriert hat, kann man etwas dagegen unternehmen und sie abstellen. Die Störung hat immer Vorrang.

Unbequeme Körperhaltung

Durch das Autogene Training wird man sensibler für seinen eigenen Körper. So kann es sein, daß eine Haltung, die vor Beginn der Übung bequem erschien, jetzt als störend empfunden wird. Sobald die Aufmerksamkeit durch etwas Störendes in der Haltung abgelenkt wird, hält man inne, geht der Störung nach, stellt sie ab und beginnt die Übungen von vorne. Man läßt die Schwere- und die Wärmeübung noch einmal kurz anklingen.

Muskelzuckungen

Besonders häufig wird Lidflattern erlebt oder kurze, unwillkürliche Muskelzuckungen in den Beinen oder im ganzen Körper, wie man sie auch beim Einschlafen kennt. Es handelt sich um reflexhafte, motorische Entladungen, die dann auftreten, wenn Körpermuskulatur schnell von einer relativ starken Anspannung in eine tiefe Entspannung übergeht. Sie treten also bei der Umschaltung zur Entspannung auf und verlieren sich dann. Sie sind eine muskuläre Reaktion auf einen starken Wechsel im Spannungsniveau. Muskelzuckungen sind harmlos und können vermieden werden, wenn man etwas weniger rasch entspannt, indem man zum Beispiel die Augen aufläßt, die Finger spreizt oder den Rücken streckt.

Niedriger Blutdruck

Wenn Menschen mit niedrigem Blutdruck das Autogene Training lernen, so wird ihnen zu Beginn leicht schwindlig, oder sie fühlen sich nach der Übung sehr müde. In der Entspannung strömt zu viel Blut aus dem Kopf. Diese Menschen können das Autogene Training mit großem Nutzen für sich erlernen, da es ihr Körpergefühl verbessert und sie im Autogenen Training die Erfahrung machen, wie sie mit ihrem niedrigen Blutdruck besser umgehen können, um Störungen zu vermeiden. Man verhält sich folgendermaßen: Die Augen werden während der Übung im Sitzen aufgelassen und ruhen auf einem Punkt in der Ferne. Der Rücken wird aufgerichtet und leicht angespannt. Für den Kopf stellt man sich vor, daß er balanciert. Wenn man irgendein unangenehmes Gefühl spürt, spreizt man die Hände. Alle diese Maßnahmen sorgen dafür, daß der Mensch in eine von ihm selbst dosierte Entspannung gleitet und die Zügel in der Hand behält. Außerdem wird am Anfang die Übung nicht zu sehr ausgedehnt. Diese Maßnahmen wirken zuverlässig und werden mit der Zeit für die Betroffenen auch bei ausgedehnten Übungen so sehr zur Selbstverständlichkeit werden, daß keine Störungen mehr auftreten.

Geräusche

Besonders am Anfang, wenn man beginnt, die Übungen zu erlernen, stellt man fest, daß man in der Ruhe »hellhörig« wird. Man wird sensibler für die vertrauten Geräusche und erlebt sie lauter und störender. Mit der Zeit wird man jedoch immer unempfindlicher gegen Außenreize. Sobald man ein Geräusch während der Übung störend wahrnimmt, fügt man gleich die Vorstellung ein:

Geräusch ganz weit weg.
Geräusch belanglos.

Weil wir in der Nähe einer Unfallklinik wohnen, habe ich schon oft erlebt, daß ein Hubschrauber ganz tief über unser Haus flog, während ich mit einer Gruppe Autogenes Training übte. Anschließend berichteten Teilnehmer, daß sie dieses laute Geräusch nicht einmal wahrgenommen hatten, so tief waren sie in der Entspannung.

Gedanken

Wenn man in die Ruhe kommt, merkt man, wie viele Gedanken im Kopf herumschwirren. Manchmal sind es die großen Probleme, meist jedoch die kleinen Probleme des Tagesgeschehens, die plötzlich mit aller Macht in den Vordergrund drängen. Man kann es nicht verhindern, daß Gedanken aufsteigen, aber man fühlt sich dadurch in der autogenen Übung gestört. Es ist völlig vergeblich, sich die Gedanken zu verbieten. Sollte einem etwas Wichtiges einfallen, unterbricht man die Übung und schreibt es sich auf. Für die im Moment nebensächlichen Gedanken hat sich die Indifferenzvorstellung bewährt. Die Störung wird als gleichgültig erlebt. Gedanken sind jetzt gleichgültig, sie kommen und gehen, sie stören nicht. Sie werden nicht bekämpft, sondern nur für den Moment zur Seite geschoben, ihnen wird im Augenblick keine Aufmerksamkeit gewidmet. Sie ziehen vorbei wie die Wolken am Himmel, die sich verlieren. Die Gedanken werden nicht durch ein Verbot zurückgedrängt, sondern zugelassen, registrierend wahrgenommen und beiseite gestellt. Nicht jetzt wird darüber nachgedacht, sondern später, jetzt ist Autogenes Training wichtig.

Ich blase meine Gedanken fort.
Die Gedanken lassen los.
Gedanken kommen und gehen, sie stören nicht.

Durch diese gewährende Haltung, die zum Autogenen Training hinstrebt, verliert sich die Störung bald.

Die Übungen

Die Zielvorstellung

Ich bin ganz ruhig und entspannt.

Da man beim Autogenen Training immer mit Vorstellungen arbeitet, stellt man sich die Ruhe vor, man macht sich ein inneres Bild und erfährt dann, daß diese vorgestellten Gedanken eintreffen und sich verwirklichen. Wer sich dagegen anstrengt und sich zur Ruhe zwingen will, erreicht das Gegenteil und wird noch unruhiger.

So lautet das Ziel im Autogenen Training: »Ich bin ganz ruhig und entspannt.« Das ist es, was man erreichen möchte, und man erfährt, daß wirklich Ruhe und Entspannung eintreten. Die Zielvorstellung ist zu unterscheiden von der »Ist-Feststellung«: Man stellt nicht fest, daß man bereits ruhig ist, die Ruhegefühle sind keine Voraussetzung, sondern man hat das Ziel, ruhig und entspannt zu sein. Nur wer dieses Ziel hat, kann es sich auch deutlich und intensiv vorstellen. Die Zielvorstellung ist gleichsam das Programm für die nun folgenden einzelnen Übungen, sie ist der Schlüssel, der diesen Bereich aufschließt. Man möchte damit in zunehmendem Maße erreichen, daß sich der Körper entspannt und ein angenehmes Gefühl von Ruhe entsteht. Dieses Gefühl von Ruhe kann man nicht erzwingen, es entsteht ganz von selbst, wenn der Körper sich durch die autogenen Übungen entspannt und zur Ruhe kommt. Das Bewußtsein wird dabei eingeschränkt, man spricht von einer »gesenkten Bewußtseinslage«, wie man sie auch vor dem Einschlafen erlebt. Man stimmt sich auf die innere Ruhe ein, die »Ruhetönung«, eine innere Sammlung wird spürbar. Je besser man die Übungen beherrscht, desto schneller und verläßlicher stellen sich beim Übenden Ruhe und Entspannung ein.

Die Schwere

Mein Arm ist schwer.
Auch der andere Arm ist schwer.
Die Arme sind schwer und entspannt.
Die Beine sind schwer.

Wir beginnen mit dem körpernäheren Arm, es ist die Extremität, mit der wir am vertrautesten sind. Meist ist dies beim Rechtshänder der rechte Arm und beim Linkshänder der linke Arm. Wir vergegenwärtigen uns das Gewicht des Armes, denn jedes Glied hat sein eigenes Gewicht. Wir spüren, wo der Arm aufliegt. Wir lassen dabei ganz bewußt die Schulter des jeweiligen Armes los, so daß sie nach unten sinkt und Verspannungen rein mechanisch gelockert werden. Wir stellen uns vor, wie der eine Arm schwer und entspannt aufliegt, und gehen dann mit unseren Gedanken zum anderen Arm. Auch der andere Arm ist schwer. Nun fassen wir zusammen: Beide Arme sind schwer und entspannt.

Wenn wir mit den Übungen vertraut sind, reicht es, wenn wir uns nur noch die verkürzte Formel vorstellen: Die Arme sind schwer und entspannt. Wir empfinden dabei bereits körperlich etwas für das gesamte Autogene Training Wichtiges: Nicht durch Wollen, durch Anstrengung, sondern durch Loslassen, Sich-Hingeben, Nachgeben entsteht ein angenehmer körperlicher Zustand. Im Kurs kann der Übungsleiter dem Teilnehmer die Entspannung des Armes demonstrieren, indem er den Arm am Handgelenk anhebt und wieder fallen läßt. Wenn kein Widerstand zu spüren ist, wenn der Arm locker herabfällt, ist er entspannt. Dieses Erlebnis ist deswegen für den Kursteilnehmer so hilfreich, weil man oft objektiv bereits die Entspannung des Armes demonstrieren kann, obwohl das subjektive Gefühl noch fehlt und der Übende noch gar nichts spürt. Dadurch verbessert sich bei ihm das Gefühl für den eigenen Körper.

Man erfährt, wie sich ein entspannter Arm anfühlt, und erkennt dies bei sich später in anderen Situationen wieder. Das ist für die Anwendung sehr wichtig, weil Verspannung im Arm oft ein erstes Zeichen für eine sich anbahnende Gesamtverspannung ist.

Um die Muskulatur der Beine zu entspannen, muß eine bequeme Haltung eingenommen werden. Im Liegen auf dem Rücken fallen die Füße leicht auseinander. Man kann dann spüren, wie die Beine schwer auf der Unterlage aufliegen. Im Sitzen ist darauf zu achten, daß die Füße so weit nach vorne gestellt werden, daß ein Winkel von größer als 90 Grad entsteht. Es ist dabei gleichgültig, wie weit die Beine ausgestreckt werden, es muß sich für den Übenden nur bequem anfühlen. Nun achtet man darauf, daß man die Muskeln der Oberschenkel bewußt losläßt. Man merkt dies daran, daß die Knie ein wenig nach außen fallen. Es handelt sich dabei um eine ganz kleine, kaum wahrnehmbare Bewegung. Auch hier ist wieder wichtig, daß man ein eigenes Körpergefühl für die entspannten Beine bekommt.

Die Wärme

Meine Hand ist warm.
Auch die andere Hand ist warm.
Die Hände sind warm.
Die Füße sind warm.

Viele Menschen können ein Gefühl der Erwärmung bereits wahrnehmen, während sie sich die Schwere in den Armen und Beinen vorstellen. Dies liegt daran, daß sich bei entspannter Muskulatur auch die sie durchziehenden Gefäße entspannen. Entspannte Gefäße erweitern sich, es fließt mehr Blut, die Durchblutung verbessert sich, und ein Wärmegefühl wird spürbar. Voraussetzung für eine verbesserte Durchblutung ist stets die Entspannung der Muskeln, es muß deswegen im Autogenen Training immer die Reihenfolge eingehalten werden: erst Schwere, dann Wärme.

Man denkt zuerst wieder nur an eine Hand, um die Aufmerksamkeit zu beschränken. Man stellt sich vor: Meine Hand ist warm. Man denkt an die Hand und nicht an den Arm, weil man in der Hand ein viel besseres Gefühl für Wärme und Kälte hat. Dies liegt daran, daß wir besonders viel wärmeempfindliche Nervenzellen in den Händen und in den Fingern haben. Auch unsere Erinnerungsbilder hängen mit den Händen zusammen und nicht mit den Armen. Das Blut strömt durch die Arme bis in die Hände. Man stellt sich vor: Meine Hand ist warm. Dann erlebt man, wie das Blut aus dem Körperinneren hingeleitet wird in Richtung Peripherie. Dieser Vorgang ist meßbar. Die Körperkerntemperatur nimmt zugunsten der Temperatur in den Extremitäten ab. Oft schwellen die Adern sichtbar an, und der Übungsleiter kann die angenehme Erwärmung der Hand bemerken. Der Übende braucht manchmal länger, bis er die objektiv meßbare Erwärmung auch subjektiv spürt, besonders dann, wenn die Außentemperatur niedrig ist, seine Wahrnehmung ist verzögert. Oft bemerkt er aber ein Prikkeln wie Ameisenlaufen, oder seine Hände fühlen sich geschwollen an. Dies deutet darauf hin, daß die feinen Haargefäße sich erweitern und das Gewebe besser durchblutet ist. Die erstrebte Umverteilung des Blutes setzt ein.

Nun gibt es im Körper einen sehr empfindlichen Regelmechanismus, der verhindert, daß zu viel kaltes Blut zum Herzen strömt. Die Körperkerntemperatur wird nur soweit gesenkt, daß der Gesamtorganismus keinen Schaden nimmt. Wenn man extremer Kälte ausgesetzt ist, wird das abgekühlte Blut aus den Fingern oder Zehen nicht mehr ausgetauscht, diese Körperteile erfrieren, ohne daß der ganze Mensch den Kältetod erleidet.

Dieser Regelmechanismus ist also lebensbewahrend, er schränkt deshalb die Wirkung des Autogenen Trainings ein. Man kann mit dem Autogenen Training nie erreichen, daß sehr kalte Hände oder Füße schlagartig warm werden, weil dies dem Gesamtorganismus schaden würde. Man übt deswegen auch nie so lange, bis die sehr kalten Hände oder Füße warm sind, sondern man setzt einen Impuls, der die Durchblutung langsam, den eigenen körperlichen Möglichkeiten entsprechend, wieder in Gang bringt. Nach einiger Zeit wiederholt man die Übung.

Berichte von Menschen, die etwa in den Bergen bei Unfällen extremer Kälte ausgesetzt waren, zeigen, daß die Anwendung des Autogenen Trainings wirklich lebensrettend sein kann.

Die Wärme in den Füßen kann man sich schwerer vorstellen als in den Händen, denn die Füße gehören zu den ich-fernen Körperteilen und haben weniger Empfindungsnerven als die Hände. Man kann jedoch mit der Vorstellung: »Meine Füße sind warm, angenehm warm« eine langsame, stetige Erwärmung in die Wege leiten. Manchmal berichten Kursteilnehmer mit chronisch kalten Füßen, daß sie spüren können, wie die Wärme nach und nach ganz langsam die Beine hinunterkriecht, nachdem durch die Vorstellung von der Wärme in den Füßen bei der autogenen Übung der Initialimpuls gegeben worden ist. Am Ende der Kursstunde sind die Füße dann auch wirklich warm. Es ist deshalb günstig, wenn man bei kalten Füßen die Übung wiederholen kann, nachdem einige Zeit verstrichen ist.

Eine besondere Schwierigkeit für Menschen mit chronisch kalten Händen oder Füßen besteht darin, daß sie oft gar nicht mehr merken, wann sie kalt werden. Hier hilft die verbesserte Körperwahrnehmung durch das Autogene Training, indem man den günstigen Zeitpunkt spürt, wo Hände und Füße noch warm sind, um kurz zu entspannen und sich vorzustellen:

Hände bleiben warm.
Füße bleiben warm.

Dadurch wird die bevorstehende Abkühlung verhindert, und die gleichmäßige Gesamtdurchblutung bleibt erhalten. Diese Anwendung des Autogenen Trainings ist vor allem morgens sinnvoll, wenn die meisten Menschen nach der Entspannung der Nachtruhe noch warm und gut durchblutet sind.

Man kann die Durchblutung von Händen und Füßen dadurch zusätzlich anregen, daß man vor der Übung etwa 10 Sekunden anspannt. Dazu werden die Hände zu einer starken Faust geballt, die Füße werden weggestreckt und gleichzeitig die Zehen in Richtung auf den Körper gezogen, so daß innen in den Waden eine Spannung spürbar wird. Dadurch wird erreicht, daß die Gefäße sich schließen, die Handknöchel werden weiß. Wenn man dann plötzlich und ruckartig die Spannung löst, öffnen sich die Gefäße, und die Vorstellung von strömender Wärme kann besonders gut durch den Kontrast wahrgenommen werden. Auch bei dem so unangenehmen Wadenkrampf kann diese Spannungsübung zusammen mit der Wärmevorstellung des Autogenen Trainings schnell Erleichterung bringen.

Wichtig ist noch folgendes:
1. Man kann im Autogenen Training nur Veränderungen wahrnehmen. Wenn eine Hand schon warm ist, bleibt sie angenehm warm, ohne daß einem dazu etwas auffällt. Der Sinn der Übung ist trotzdem erfüllt.
2. Man darf im Autogenen Training nie mit extremen Vorstellungen arbeiten, man darf sich nie »Hitze« vorstellen. Hitze ist unangenehm, lebensgefährdend, Wärme dagegen ist wohltuend, sie wirkt belebend, sie ist lebensschützend.
Bewährt hat sich das Bild von der Heizung, die angestellt wird und deren Wärme durch alle Leitungen strömt. Hier lautet eine günstige Vorstellung:

Die Wärme kommt.
Wohlige Wärme breitet sich aus.

Es geht stets um die Qualität, nicht um die Quantität. Das Wohlbefinden ist die Richtschnur, wir spüren angenehm die im Körper bestehende Wärme.

Die Atmung

Die Atmung ist ruhig und gleichmäßig.
Es atmet mich (oder: Es atmet in mir).
Ich überlasse mich meiner Atmung.

Wenn wir unsere Atmung beobachten, so können wir feststellen, daß sie zu verschiedenen Zeiten ganz unterschiedlich wahrgenommen wird. Dies hängt davon ab, in welchem Zustand wir uns gerade befinden.
    Wenn wir körperlich aktiv sind, wenn wir etwa einen Dauerlauf machen, so hebt und senkt sich der Brustkorb in rascher Folge, es wird viel Sauerstoff benötigt. Wenn wir uns dagegen in körperlicher Ruhe befinden, etwa im Schlaf, so hebt und senkt sich die Bauchgegend fast unmerklich. Der Sauerstoffbedarf ist ganz gering.
    Im Autogenen Training geht es nun nicht darum, die Art oder die Technik der Atmung zu ändern oder zu beeinflussen, sondern es geht darum, sich dem Rhythmus des Atmens hinzugeben. In der Ruhe des Autogenen Trainings, die mit dem Erlebnis von Schwere und Wärme eingekehrt ist, wird auch die Atmung ruhig und regelmäßig. Sie wird in keiner Weise reguliert oder bewußt gesteuert, sondern sie wird passiv erlebt als ein Gleichmaß von Ein und Aus, von Heben und Senken, von aktivem Lufteinziehen und passivem Loslassen. Dieses wohltuende Gleichmaß, das sich ohne eigenes Zutun in der Ruhe einstellt, nennt man im Autogenen Training die Ruheatmung. Es ist ein Gewährenlassen, das absichtslos ist, eine Hingabe an den Eigenrhythmus des Atmens. Dabei vertieft sich das Gefühl von angenehmer Entspannung ganz erheblich.

Um zu betonen, daß die Atmung ganz von allein, ohne eigenes Zutun ruhig wird, hat Schultz die neutrale Formulierung »Es atmet mich«, oder »Es atmet in mir«, gewählt. Sie vermittelt, daß es ohne Anstrengung geht. Es ist ein Gefühl wie beim Schaukeln, beim Wiegen eines Kindes oder bei der leichten Brandung am Meeresstrand – ruhig und gleichmäßig, wohltuend.

Das Herz

Das Herz schlägt ruhig und gleichmäßig.
Der Puls ist spürbar.

Die Herzübung gehört zu den Übungsteilen, mit denen vorsichtig und gezielt umgegangen werden sollte. Sie ist eine angenehme, wohltuende Übung, wenn sie richtig gemacht und zum richtigen Zeitpunkt angewendet wird. Ein ruhig und gleichmäßig schlagendes Herz ist für uns ein Sinnbild des Lebens. Viele Menschen spüren das Herz nicht dort, wo es liegt, sondern sie nehmen irgendwo im Körper ihren Puls wahr: in den Fingern, am Handgelenk, am Hals, im Becken oder an einer anderen Stelle. Herzschlag und Pulsschlag sind identisch, der Puls ist der bis in die äußerste Peripherie fortgeleitete Herzschlag.

Man sucht in der autogenen Übung den Puls an irgendeiner Stelle des Körpers auf, ohne eine gezielte Absicht. Schultz empfiehlt, die rechte Hand aufs Herz zu legen, um den so gesetzten leichten Außendruck als Hilfe für die Auffindung des Herzerlebnisses zu benutzen. In der Ruhe sinkt die Herzfrequenz, der Pulsschlag wird langsamer und reguliert sich in Richtung Normalwerte. Sollte der Herzschlag als unangenehm und störend empfunden werden, so wählt man eine möglichst große Distanz zum Herzen und stellt sich den Puls in den Füßen vor oder läßt die Übung im Augenblick ganz beiseite.

Menschen mit niedrigem Blutdruck können die Wirkung der Übung zur Kräftigung des Herzschlages verwenden mit dem Zusatz:

Das Herz schlägt ruhig, kräftig, gleichmäßig.

Sie fühlen sich oft nach dieser Übung wohler und leistungsfähiger.

Nach körperlicher Anstrengung, etwa einem Waldlauf oder raschem Treppensteigen, sowie bei Herzrasen nach Aufregungen sorgt die Vorstellung vom ruhig schlagenden Herzen sehr rasch für den Ruhepuls.

Bei Menschen, die Herzunruhe während der Übungen spüren, verschwindet diese meist mit Hilfe der Atemberuhigung. Es bietet sich daher an, die Herzübung nach der Atemübung einzubauen. Es ist jedoch auch möglich, eine andere Reihenfolge zu wählen und die Herzübung nach der Leibübung anzuwenden.

Der Leib

Der Leib ist warm.
Der Bauch ist warm.
Das Sonnengeflecht ist warm durchströmt.
Die Mitte ist warm.

Wenn man seine Hand auf den Oberbauch legt, kurz unterhalb des Brustbeins, so befindet sich darunter der Magen, und noch tiefer, zwischen Magen und Wirbelsäule, liegt das Sonnengeflecht, der Plexus solaris. Dies ist ein Nervenknotenpunkt, von dem aus die Nerven strahlenförmig zu den Organen des gesamten Bauchraums ausgehen, wie in einem Geflecht. Von hier aus werden die Funktionen von Magen, Darm, Leber, Galle, Bauchspeicheldrüse, Milz, Nieren, Blase und Genitalorganen gesteuert. Verschiedene

Formulierungen sind in der Übung möglich: Leib, Bauch, Sonnengeflecht und Mitte.

Um die Wärme in der Bauchgegend spüren zu können, kommt es nicht darauf an, daß man sich die Lage der einzelnen Organe anatomisch genau vorstellt. Wichtig ist dagegen, daß man an einen der vorgeschlagenen Begriffe positive Erinnerungsbilder knüpfen kann, die das Entspannen erleichtern. Feuchtwarme Leibwickel, eine Wärmflasche oder ein Heizkissen auf dem Bauch, die wohlige Bestrahlung durch die Sonne, das angenehme Gefühl, wenn ein warmes Getränk von innen erwärmt oder wenn das Blut nach einer reichlichen Mahlzeit in den Magen strömt – alles dies sind solche positiven Erinnerungsbilder. Sie eignen sich deswegen besonders, weil die Empfindungen in der Magengegend immer unbestimmt sind, diffus und subjektiv sehr verschieden. Man verwendet für die eigene Übung denjenigen Begriff, der einem die lebhafte Vergegenwärtigung eines früher erlebten Zustandes erleichtert, bei dem man angenehme Wärme im Körper gespürt hat. Da die Nerven die Ausdehnung und Verengung der Blutgefäße steuern, lernt man so, das vegetative Nervensystem gezielt zu beeinflussen und für eine bessere Durchblutung des Körpers zu sorgen. Zur Unterstützung der Vorstellung von Wärme im Leib kann man zu Beginn der Übung auf die Kleidung über dem Oberbauch eine Hand legen, so daß durch diesen Kontakt die Wärme besser vergegenwärtigt werden kann. Es ist auch möglich, sich vorzustellen, daß beim Ausatmen die Wärme von den oberen Körperpartien in den Leib strömt, wo sie sich in der Mitte sammelt und gespürt werden kann.

Gerade diese Übung gelingt im Sitzen viel leichter, wenn man nicht durch enge Kleidungsstücke eingeschnürt ist. Trotzdem möchte ich empfehlen, auch diese Übung in der ganz normalen Kleidung durchzuführen und keinen Gürtel zu lockern. Für die Anwendung in der Streßsituation ist es notwendig, daß diese Übung spontan gelingt, ohne daß an der Kleidung irgend etwas verändert werden muß.

Wenn sich Spannung im Leib löst, treten manchmal folgende Merkmale auf:
1. Der Speichelfluß verstärkt sich, man muß während der Übung öfter schlucken. Die Gesichtsmuskulatur entspannt sich.
2. Es sind gluckernde Geräusche und Rumpeln im Bauch zu vernehmen. Spannung löst sich.
3. Nach der Übung muß man tief gähnen. Dies ist ein Zeichen dafür, daß in der Entspannung weniger Sauerstoff benötigt worden ist, als man jetzt beim Wachsein braucht. Durch das gleichzeitige Einatmen durch Nase und Mund wird eine große Menge Sauerstoff aufgenommen und anschließend beim Ausatmen viel Kohlendioxyd abgegeben.

Diese Kennzeichen werden nur gelegentlich beobachtet, sie weisen jedoch stets darauf hin, daß man durch die autogene Übung Spannung abgelegt hat und in eine gute Entspannung gekommen ist.

Der Kopf

Der Kopf ist frei und klar.
Die Stirn ist ein wenig kühl.
Die Gesichtszüge sind glatt und gelöst.
Der Kiefer ist locker.
Die Zunge schwebt.

Wenn nun der ganze Körper angenehm entspannt und warm ist, folgt die Entspannung des Kopfes. Hier braucht man allerdings eine andere Vorstellung als die der Wärme, denn es ist unangenehm, wenn man einen heißen Kopf hat oder wenn einem das Blut in den Kopf steigt. Kühle wird dagegen als erfrischend und belebend empfunden. Kälte darf man sich nie vorstellen, denn Kälte ist starr, gefährdend und unangenehm. Wenn man mit der Hand die Luft vor der Stirn hin- und herfächert, so spürt man:

*Die Stirn ist ein wenig kühl,
angenehm kühl,
wie wenn eine leichte Brise weht.*

Es ist eine einschränkende Übung. Der ganze Körper wird als schwer, ruhig, warm empfunden, Kopf und Stirn sollen dagegen abgegrenzt werden. Man kann sich vorstellen, daß der Körper angenehm entspannt in einer Badewanne liegt, nur der Kopf spürt den Luftzug eines geöffneten Fensters, oder auf der Stirn liegt eine kühle Kompresse. Oder man erinnert sich, wie man an einem heißen Sommertag auf einer Straße ging und plötzlich in den Schatten eines Hauses trat: ein wenig kühl, angenehm kühl.

Bei Menschen, die an Kopfschmerzen leiden und überempfindlich reagieren, kann es vorkommen, daß sie durch das Kühleerlebnis eine Gefäßverengung im Kopf wahrnehmen, die unangenehm ist. Sie wandeln die Vorstellung nach Bedarf ab:

Die Stirn ist ein wenig warm.

Auch beim Einschlafen ist die Vorstellung von der Stirnkühle unangenehm und wird fortgelassen. Bei Übungen während des Tages führt das Stirnkühleerlebnis jedoch zu einer erwünschten Frische im Kopf.

Um die Gesichtsmuskulatur noch weiter zu entspannen, kann man sich vorstellen:

*Die Gesichtszüge sind glatt und gelöst.
Der Kiefer ist locker.
Die Zunge schwebt.*

In der Ruhe lösen sich die Gesichtszüge des Menschen. Wenn man die Hände an die Wangen legt, kann man spüren, daß sie sich ganz glatt und entspannt anfühlen. Alles Belastende scheint abgefallen zu sein, die Gesichtsmuskulatur erschlafft. Manchmal kann man an leichten Zuckungen im Gesicht spüren, daß die Spannung in den kleinen Gesichtsmuskeln weicht. Auch die größten und kräftigsten Muskeln im Gesicht, die beiden Kaumuskeln, die links und rechts den Oberkiefer mit dem Unterkiefer verbinden, lokkern sich. Die Lippen sind dabei geschlossen oder nur ganz leicht geöffnet. Aber die Zahnreihen des Ober- und Unterkiefers kommen auseinander, die Zähne werden nicht mehr krampfhaft zusammengebissen.

Viele Menschen wissen aus eigener Erfahrung, daß sie im Kiefergelenk beim Beißen oder Kauen oder Reden Schmerzen haben. Typisch sind auch Geräusche im Kiefergelenk, der Kiefer ist ständig angespannt. Auch das nächtliche Zähneknirschen hängt mit einer Verspannung der Kaumuskulatur zusammen. Dabei entstehen gerade im Schlaf so starke Kräfte, daß die Kaumuskulatur morgens oft schmerzt, weil sie überspannt wurde, und sich Zähne lockern können. Es kann sogar zu dauernder Schädigung der Kiefergelenke kommen. Wenn der Kiefer dagegen locker ist, wenn der Unterkiefer sich leicht senkt, liegt auch die Zunge locker im Mund, sie drückt nicht mehr gegen die Zahnreihen, sie schwebt. Die Zungenschwebelage wird immer dann wahrgenommen, wenn der Mundbereich entspannt ist. Beim Einschlafen wird regelmäßig vorgestellt:

Kiefer bleibt locker, die Zunge schwebt,

und schon bald kann man die nächtliche Entkrampfung des Kiefers wohltuend wahrnehmen.

Übungsabfolge

Ich bin ganz ruhig und entspannt.

Die Arme sind schwer.
Die Beine sind schwer.
Die Hände sind warm.
Die Füße sind warm.

Die Atmung ist ruhig und gleichmäßig.
  Es atmet mich.
  Ich überlasse mich meiner Atmung.

Das Herz schlägt ruhig und gleichmäßig.
  Der Puls ist spürbar.

Der Leib ist warm.
  Der Bauch ist warm.
  Das Sonnengeflecht ist warm durchströmt.
  Die Mitte ist warm.

Der Kopf ist frei und klar.
Die Stirn ist ein wenig kühl.
  Die Gesichtszüge sind glatt und gelöst.
  Der Kiefer ist locker.
  Die Zunge schwebt.

Techniken zur Anwendung des Autogenen Trainings im Alltag

Nachdem wir die Grundübungen des Autogenen Trainings, die für jeden gleich lauten, besprochen haben, wenden wir uns nun einigen Techniken zu, die vom einzelnen nach Bedarf verwendet werden. Es geht in diesem Abschnitt darum, zu überlegen, wie man mit den Grundübungen umgehen sollte, um sie in der jeweiligen persönlichen Situation wirkungsvoll gebrauchen zu können.

Die Teilentspannung

*Schultern und Nacken sind warm
und weich und gut durchblutet.*

Der Mensch neigt dazu, als Ganzes zu reagieren. Wenn sich ein Teil des Körpers entspannt, so werden sich andere Körperteile mit entspannen. Dieses Übergreifen von der Reaktion in einem Körperbereich auf den gesamten Organismus nennt man »Generalisierung«. Je besser man das Autogene Training beherrscht, desto geringer muß der Anstoß sein, der das Umschwenken von Spannung auf Entspannung hervorruft. Man setzt gleichsam ein Signal, dies löst eine begrenzte Entspannung aus, und aus dieser begrenzten Entspannung wird eine Gesamtentspannung. Eine Teilentspannung wird durch die Generalisierung zur Gesamtentspannung.

Für die Teilentspannung empfiehlt Schultz die Entspannung des Schulter-Nacken-Feldes. Die Entspannung der Muskeln im Schulter-Nacken-Bereich führt auch in anderen Bereichen zur Entspannung, die Partialentspannung führt zum Gesamterlebnis von Ruhe und Ausgeglichenheit.

Die Schultern werden ein wenig hochgezogen und mit der Ausatmung dann langsam heruntergelassen. Man stellt sich ein fließendes, durchwärmendes Entspannungsgefühl vor, als ob eine deutliche Schwere und Wärme aus dem Nackenbereich abwärts ziehe.

Der Schulter-Nacken-Bereich reagiert besonders empfindlich auf emotionale und auch körperliche Reize, deswegen hat man dort oft Schmerzen und Spannungsgefühle. Das kann man daran verdeutlichen, daß beim Auflegen eines Eisstückchens im Schulter-Nacken-Bereich sich eine Gänsehaut einstellt, die auch auf andere Körperteile ausgedehnt ist.

Wenn also unvorhergesehen eine Spannungssituation auftaucht, so ermöglicht die Teilentspannung des Schulter-Nacken-Feldes eine Schnellumschaltung. Eingeleitet wird sie stets durch das gedachte Signal:

Ich bin ganz ruhig.

Die Teilentspannung des Schulter-Nacken-Bereiches wird zu einer Soforthilfe für Situationen, wo die Möglichkeit zu einer Gesamtumschaltung nicht besteht. Sie muß auch nicht zurückgenommen werden. Da das Senken der Schultern ganz unauffällig geschehen kann, wird die Anwendung des Autogenen Trainings in der Teilentspannung von der Umgebung gar nicht wahrgenommen. Das spielt eine wichtige Rolle für den Umgang mit Streßsituationen.

Die formelhafte Vorsatzbildung

Durch das Erlernen des Autogenen Trainings mit seinen Standardformeln wird infolge der konzentrativen Zuwendung auf bestimmte körperliche Vorgänge eine Ruhigstellung und Harmonisierung erreicht. Durch die Formulierung eigener formelhafter Vorsätze soll es nun darüber hinaus gelingen, Verhaltensweisen, die den Übenden bei sich selbst stören, zu ändern oder in eine andere Richtung zu lenken. Die formelhaften Vorsatzbildungen sind Aufträge, die sich der Übende in der Versenkung des Autogenen Trainings selbst gibt und die ihm später in seinem Alltag dann »automatisch«, von selbst, zur Verfügung stehen. Mit großer Zuverlässigkeit werden die formelhaften Vorsätze in die Tat umgesetzt und dienen daher wesentlich der Selbststeuerung.

Die Formeln werden nach folgendem Muster gebildet:

1. in der Ich-Form
2. in der Gegenwart
3. kurz
4. mit praktischer Zielsetzung
5. positiv und eingängig formuliert
6. dem wirklichen eigenen Bedürfnis entsprechend.

In einer Situation, die man verändern möchte, fragt man sich: Was stört mich? Danach formuliert man die erstrebte Veränderung in einem kurzgefaßten Auftrag. Dieser Auftrag wird wie ein Code im Versenkungszustand des Autogenen Trainings eingegeben. Er wird in die Entspannung eingebettet, wird im Autogenen Training verankert, um im Wachzustand eine Verhaltensänderung herbeizuführen. Der Vorsatz verwirklicht sich aus dem Unterbewußten zwanglos. Er gelingt allerdings nur dann, wenn man selbst diese Veränderung bejaht und für erstrebenswert hält und wenn sie auch den eigenen Fähigkeiten entspricht.

Die Vorsätze werden an die Übungen angehängt. Wenn es sich um einen banalen, praktischen Vorsatz handelt, der nur für eine momentane Alltagsschwierigkeit verwendet werden soll, so wird er spontan formuliert und an eine kurze Entspannungsübung oder Teilentspannung angeschlossen. Er ist nur für die jeweilige Situation und ihre Zielsetzung bestimmt und wird in ihr kurzfristig intensiv vergegenwärtigt. Will man dagegen fixierte Gewohnheiten und Verhaltensmuster ändern, so wird die Vorsatzformulierung sehr sorgfältig gewählt und über längere Zeit konsequent der langen Übung hinzugefügt.

Das Kurztraining

Oft treten unangenehme Situationen völlig unerwartet auf. Man hat gar keine Möglichkeit, sich vorbeugend durch Entspannung oder durch Vorsätze darauf einzustimmen, und oft ist man in der Situation auch nicht allein, um sich kurz sammeln zu können. Hier verwendet man das Kurztraining.

Man läßt dazu die Augen offen und setzt sich unauffällig bequem hin. Dann läßt man die Schultern sinken und stellt sich die Schwere in den Armen und die Wärme in den Händen vor. Wenn man steht, stellt man zur Verbreiterung der Standbasis die Füße etwas auseinander und lockert die Knie ein wenig. Nun formuliert man einen situativen, kurzfristigen Vorsatz, der zu einer kurzen Vergegenwärtigung eines im Moment gewünschten Verhaltens führt. Wichtig ist die Grundhaltung:

Ich bin ganz ruhig.

Bei dieser reduzierten Form einer kurzen Entspannung geht es im wesentlichen darum, daß man sich zurücknimmt, die Situation überdenkt und im Vorsatz einen angemessenen Handlungsentwurf findet. Die Kurzübung wird zurückgenommen durch eine unauffällige Anspannung in der Körperhaltung. Sie vergrößert die Wahrscheinlichkeit, daß man sich in einer schwierigen Situation den eigenen Vorstellungen entsprechend verhalten kann. Sie kann in jeder Lage und praktisch ohne Zeitaufwand verwendet werden. Voraussetzung ist natürlich, daß man die ausführlichen Übungen bereits beherrscht, so daß auf das Ruhesignal hin auch bei der so kurzen Übung ein Minimum an allgemeiner Umschaltung geschieht. Der bloße Gedanke an das Autogene Training löst oft schon die Empfindungen von Schwere und Wärme aus.

Spannungsübungen als Hilfe zur Entspannung

Schultz hat die Selbstruhigstellung als eines der Ziele des Autogenen Trainings bezeichnet.

Nun ist aber das Phänomen bekannt, daß wir gerade dann, wenn wir Ruhigstellung und Erholung am nötigsten brauchen, das Autogene Training nicht wirkungsvoll anwenden können. Wir spüren entweder eine innere Hemmung oder eine zu starke innere Unruhe, um in die Ruhe zu kommen. Dies läßt sich folgendermaßen erklären:

Der menschliche Organismus lebt in einem natürlichen Spannungsbogen, wobei auf die Anspannung Entspannung, Regenerierung und Erholung folgen. Aber dieser Spannungsbogen kann auch entgleisen, der Bogen wird überspannt, man ist überdreht, man kann nicht mehr abschalten, man rastet aus. Man kann sich nicht mehr ohne weiteres zurücknehmen, alles vibriert. Dieser Zustand ist sehr unangenehm, denn man spürt, daß man sich selbst nicht mehr richtig steuern kann. Die innere Spannung ist einfach zu groß. Von dieser sehr hohen Ausgangsspannung kann man nicht direkt in eine tiefe Entspannung gleiten.

Es gibt nun zwei Möglichkeiten, um mit dieser Situation umzugehen. Durch das Autogene Training wird man sensibler für seinen Körper und kann die Anzeichen deuten, die darauf hinweisen, daß die Spannung stetig steigt. Dann schreitet man rechtzeitig mit einer Teilentspannungsübung oder einer Kurzübung ein, man läßt kurz los und erreicht damit, daß die Gesamtspannung im mittleren Bereich bleibt. Man verhindert also, daß die Spannung entgleist, indem man durch Innehalten Abstand zur Spannung bekommt und dadurch das Spannungsniveau niedriger bleibt.

Wenn man aber einmal den Zeitpunkt verpaßt hat, wo man noch hätte einschreiten können, und die Spannung bereits entglitten ist, so gibt es noch eine weitere Möglichkeit, um die Spannung so weit zu senken, daß Autogenes

Training wieder möglich wird. Man arbeitet mit dem sogenannten provozierten Kontrast.

Man kann sich das Vorgehen am besten in einem Bild klarmachen:

Man stellt sich ein Pendel vor, das ruhig hängt. Links sei die Entspannung, rechts die Anspannung. Wenn man nun möchte, daß das Pendel nach links ausschlägt, so kann man es nach links stoßen. Es gibt aber auch die Möglichkeit, daß man es nach rechts zieht und dann plötzlich losläßt, so daß es anschließend nach links schwingt.

Entsprechend geht man auch beim provozierten Kontrast vor, man verstärkt die Anspannung willentlich und läßt sie anschließend wieder los. Eine willentlich hervorgerufene Körperspannung kann man auch willentlich wieder loslassen, während eine unbewußt entstandene Spannung sich von allein steigert. Wenn man also Unruhe und Spannung im Körper spürt, fragt man sich: Wo spüre ich die Spannung am meisten?

An dieser Stelle verstärkt man die Spannung willentlich, hält diese Spannung etwa 10 Sekunden und läßt dann ruckartig los. Gleichzeitig verwendet man die Zielvorstellung aus dem Autogenen Training mit dem Vorsatz:

Ich bin ganz ruhig.
Die Spannung löst sich.
Die Spannung weicht.

Besonders häufig spürt man die starke innere Spannung im Kopf, im Schulter-Nacken-Bereich und im Leib.

Spannungsübungen sind etwa:

Zusammenbeißen der Zähne,
Zusammenpressen der Lippen,
Zupressen der Augen,
Zurückziehen der Schulterblätter,
Hochziehen der Schultern,

Ballen der Fäuste,
Spannung des Bauches nach außen,
Einziehen des Bauches nach innen.

Je größer der Kontrast ist zwischen der hervorgerufenen Anspannung und der Entspannung beim Lösen, desto intensiver ist auch die Empfindung, daß die angestaute Spannung aus dem Körper weicht und sich eine neue Spannungsbalance auf niedrigerem Niveau einstellt. Allerdings kann man eine sehr hohe Ausgangsspannung nur schrittweise senken. Es ist deswegen auch nicht gut, an die Spannungsübung gleich eine sehr ausgedehnte Ruheübung im Autogenen Training anzuschließen, sondern man wählt eine kurze Übung mit einem Vorsatz, der die Spannung weiter abbaut. Wenn man auf diese Weise extreme Spannungen rasch wieder senken kann, trägt dies wesentlich zur Gesundheitsvorsorge bei.

Streß als Belastung im Alltag

In den nun folgenden Kapiteln wird das Autogene Training auf verschiedene Streßsituationen angewandt, wie sie bei jedem im Alltag vorkommen. Die Themen sind aus der Praxis meiner Kurse hervorgegangen. Die Beispiele wurden von Kursteilnehmern berichtet, im Kurs besprochen und Lösungsmöglichkeiten mit Hilfe des Autogenen Trainings gefunden. Die Anregungen sind praktisch und vielfältig im alltäglichen Leben erprobt, so daß sie von Menschen ganz verschiedenen Alters und ganz verschiedener Voraussetzung in ihrem Alltag verwendet werden können.

Ich stelle die Thematik der jeweiligen Situation unter dem Gesichtspunkt der Anwendung des Autogenen Trainings dar. Häufig sind die Themen miteinander verflochten und vernetzt, so daß eine bestimmte Thematik in einem späteren Kapitel wieder aufgenommen und vertieft wird. Ich gehe stets von dem Gesichtspunkt aus, der für die betreffende Person gerade im Vordergrund steht. Es würde den Rahmen dieses Buches bei weitem übersteigen, wenn man die einzelnen Phänomene in sich abgeschlossen diskutieren wollte. Deshalb sollen im folgenden zu jedem Thema nur solche Gedanken zur Sprache kommen, die man braucht, um die eigene Situation besser zu durchschauen, Gesetzmäßigkeiten wahrzunehmen und für die Anwendung des Autogenen Trainings die Voraussetzungen bei sich selbst zu schaffen.

Die praktische Verwendbarkeit im Alltag ist stets der Maßstab, deswegen sind die Beispiele auch in der Ich-Form formuliert. So kann man sich leichter in sie hineindenken und sich in ihnen wiederfinden.

Das Autogene Training beim Umgang mit den Streßsymptomen

Mit Streß bezeichnen wir Belastungen, häufig meinen wir damit auch Überanstrengung und Überbeanspruchung. Das Wort Streß erfuhr seine heute geläufige Bedeutung durch den bekannten Streßforscher Hans Selje, der die grundlegenden Arbeiten zu diesem Phänomen veröffentlichte. Ihm wurde klar, daß viele körperliche und seelische Symptome mit einem Druck zusammenhängen, der auf dem Menschen liegt. Es ist eine negativ bewertete Spannung, die den Menschen belastet, der sogenannte Dis-streß. Selje fand aber auch heraus und konnte es vielfältig belegen, daß Spannung ein Stück weit für das Wohlbefinden des Menschen notwendig ist. Er sprach von dem guten Streß, dem Eu-streß, den er Salz des Lebens nannte.

Der Mensch befindet sich gleichsam in einem Mittelfeld zwischen dem guten, notwendigen Streß, den er braucht, damit er sich wohl fühlt und seine Zeit sinnvoll strukturiert ist, und jenem schädlichen Streß, der ein Zuviel bedeutet und krank macht.

Die wichtige Frage, die sich jedem Menschen stellt, ist: Wie gehe ich mit mir und meinem Körper um, damit ich das richtige Maß an Streß finde, das mich leistungsfähig macht, ohne mich krank zu machen?

Um diese Frage für sich selbst beantworten zu können, muß man zuerst etwas über die Abläufe wissen, wie Streß beim Menschen entsteht und verarbeitet wird.

Es gibt Streßfaktoren, Stressoren, die den Streßzustand auslösen. Sie können körperlicher, seelischer oder geistiger Art sein, es sind Reize, die den Menschen in einen Alarmzustand versetzen.

Jeder reagiert auf gewisse streßauslösende Faktoren verschieden, dem einen machen sie viel aus, dem anderen weniger, und sogar jeder einzelne Mensch reagiert zu verschiedenen Zeiten verschieden auf Streß. Je besser es einem geht, desto widerstandsfähiger ist man auf einem bestimmten Gebiet und zu einem bestimmten Zeitpunkt.

In jedem Fall antwortet der Mensch auf die Stressoren mit einer Mobilmachung von Kräften. Es wird Energie bereitgestellt, um auf die Situation mit Kampf oder Flucht reagieren zu können, englisch: fight or flight. Entweder will man sich dem Druck aktiv entgegenstellen und kämpfen, oder man will ihm ausweichen, ihn vermeiden und fliehen. Beides sind legitime und sinnvolle Verhaltensweisen; sie werden Streßreaktionen genannt.

Der Körper reagiert dabei nach einem ganz bestimmten Muster. So werden durch die Ausschüttung des Hormons Adrenalin aus den Nebennieren blitzartig alle Körperreserven mobilisiert. Einige davon möchte ich nennen:

Die Muskeln werden angespannt, um besser kämpfen oder fliehen zu können. Die Herzfrequenz beschleunigt sich, um die körperliche Mehrarbeit bewältigen zu können. Das Blut wird gerinnungsfähiger, damit Wunden schneller heilen können und Blutverlust vermindert wird. Die Atmung beschleunigt sich, damit der Körper rascher mit Sauerstoff versorgt wird. Die Pupillen weiten sich, um besser sehen zu können. Schwitzen schützt den Körper vor Überhitzung.

Der Körper kann nun aber nicht zwischen körperlichen, seelischen und geistigen Belastungssituationen unterscheiden, so daß diese körperliche Aktivierung auch dann stattfindet, wenn es sich um eine seelische oder geistige Alarmsituation handelt.

Man hat nun versucht, die Aussagen über die Streßbelastung zu systematisieren, indem man eine Streßpunktetabelle aufgestellt hat, um gewisse Normwerte für Streßfaktoren zu finden, denen die meisten Menschen irgendwann in ihrem Leben ausgesetzt sind. Diese Tabelle wurde 1967 von T.H. Holmes und R. Rahe in den USA zusammengestellt. Sie zeigt vor allem, wie fatal eine Summierung von Streßfaktoren sein kann.

Ich möchte einige Beispiele herausgreifen, die für die Anwendung des Autogenen Trainings in diesem Buch besonders relevant sind.

Die höchste Zahl an Streßpunkten ist 100.

Tod des Ehe-/Lebenspartners	100
Ehescheidung	73
Trennung vom Ehe-/Lebenspartner	65
Tod eines nahen Angehörigen	63
eigene Erkrankung/Verletzung	53
Heirat	50
Verlust des Arbeitsplatzes	47
Versöhnung mit dem Ehe-/Lebenspartner	45
Pensionierung	45
Krankheit von Angehörigen	44
Schwangerschaft	40
Neuanfang im Beruf	39
Wegzug der Kinder aus dem Elternhaus	29
persönliche geistige oder körperliche Hochleistung	28
Veränderung persönlicher Gewohnheiten	24
Konflikte mit Vorgesetzten	23
Urlaub	13
Weihnachten	12

Holmes nannte die Streßpunkte »Lebensveränderungseinheiten«. Immer dann, wenn sich die Belastungen aufeinandertürmen, ohne daß der Mensch zwischendurch genug Zeit hat, sich der veränderten Situation anzupassen, erfolgt eine bedrohliche Summierung. Die Anspannung nimmt immer mehr zu, schaukelt sich hoch und verstärkt sich rapide, es kommt zu einem sich selbst verstärkenden Spiralprozeß des Streß. Jetzt wird alles zur zusätzlichen Belastung und zum Streß, auch das, was einem sonst Freude und Entspannung bringt.

Im Autogenen Training bietet sich uns eine Möglichkeit, mit Streß besser umzugehen. Indem man das Gefühl für den eigenen Körper verbessert, nimmt man Veränderungen, die auf Streß schließen lassen, sensibler wahr. Man bemerkt zum Beispiel sofort, wenn sich die Muskeln im Schulter-Nacken-Bereich oder im Kiefer verspannen.

Man spürt aber nicht nur die Veränderung im Körper und kann sie als Streßsymptom deuten, man lernt auch, wie man über den Körper das »Alarmstadium« beeinflussen kann, damit keine überschießende körperliche Reaktion zustande kommt. Dadurch wird die Wahrscheinlichkeit wesentlich erhöht, daß der Mensch Einzelstreßreaktionen rasch abbauen kann, damit sie sich nicht summieren. Die einzelnen Streßreaktionen werden also schneller verarbeitet, und deshalb vermindert sich die Wahrscheinlichkeit, daß sich die Belastungen so häufen, daß es zu Krankheit und Zusammenbruch kommt.

Wie wir gesehen haben, sind es nie die äußeren Umstände allein, die zwangsläufig zu einem Übermaß an Streß führen, wesentlich ist immer die eigene Reaktion, die den Ausschlag gibt, wie der Streß erlebt wird. Man spricht von einem »Eigenanteil«. Dieser Eigenanteil, der es uns möglich macht, eine bestimmte Situation anders als bisher zu verarbeiten, wird durch das Autogene Training gestärkt. Veränderung wird möglich. Man hört auf, von außen kommenden, unabänderlichen Faktoren die ausschließliche Schuld am eigenen Streß zu geben, man starrt nicht nur auf die fixen Gegebenheiten, sondern man beginnt, in der Ruhe des Autogenen Trainings nach einem noch so kleinen Eigenanteil zu suchen. Dadurch wird man wieder handlungsfähig. Wenn wir also merken, daß wir gestreßt sind, halten wir kurz inne und unterbrechen den Streßstrudel, ehe er uns verschlingt. Nun machen wir eine Kurzübung und entspannen den Schultergürtel. In der Ruhe stellen wir uns die Frage: Was will ich denn jetzt eigentlich, was ist mir wichtig?

Aus der Beantwortung dieser Frage ergibt sich der Verhaltensvorsatz, der uns wie ein Puffer vor zu viel Streß schützen soll und uns widerstandsfähiger macht.

Wir betrachten nun systematisch Streßsymptome unseres Alltags. Oft bedingen sie sich gegenseitig: Wer in Hektik ist, kann sich auch schlecht konzentrieren, wer schlecht schläft, wird leicht abhängig von Schlafmitteln, wer Angst und körperliche Symptome spürt, gleitet häufig in die Erschöpfung. Man wendet sich in der praktischen Anwendung stets zuerst demjenigen Symptom zu, das einen im Moment am meisten bedrückt. Die vorgeschlagenen Vorsätze sind praktisch und einfach, damit man sie in seinem Alltag auch wirklich anwenden kann.

Hektik

Von Hektik spricht man, wenn man sich in Eile und Zeitnot befindet. Die Zeit reicht einfach nicht aus für alles, was zu tun ist. Man wird immer unruhiger und körperlich angespannter. Meist hat man Schwierigkeiten, bei einer Sache zu bleiben, bis sie wirklich beendet ist, weil man entweder zu unruhig ist oder weil man immer wieder unterbrochen wird. Die Hektik steigert sich, je größer die Zeitnot ist, sie führt zu Überaktivität, zu rastlosem Tätigsein, zu Überreaktionen und einem Übermaß an ungeordnetem Kräfteverbrauch. Alles erscheint wichtig, man befindet sich geradezu in einem Arbeitsrausch.

Wenn man in Hektik kommt, weil etwas bevorsteht, oder wenn man merkt, daß man »in Fahrt« gerät, hält man möglichst bald inne. Man zieht sich für wenige Minuten

zurück und macht eine autogene Übung. In der körperlichen Ruhe kehrt auch so viel innere Ruhe ein, daß man überlegen kann: Wie will ich eigentlich vorgehen? Wie kann ich Ordnung in dieses Chaos bringen?
Der Vorsatz lautet:

Ich bleibe ganz ruhig.
Eine Sache nach der anderen.
Das Wichtigste zuerst.

Anschließend legt man eine Rangordnung fest und nimmt in Kauf, daß Dinge, die im Moment nicht am wichtigsten erscheinen, liegenbleiben müssen. Dadurch wird der Arbeitsablauf wieder geordnet, die Effektivität steigt, und dies mindert wiederum Streß und Hektik.

Man unterscheidet nun zwei Ausgangssituationen, je nachdem, ob man durch ein zukünftiges Ereignis in Hektik versetzt wird, oder ob man sich mitten in der augenblicklichen Hektik befindet.

Man ist in Hektik, weil man eine bestimmte Situation auf sich zukommen sieht.

Beispiel: Ich erwarte am nächsten Tag Besuch oder habe ein Familienfest. Ich habe das Gefühl: Das schaffe ich nie, die Zeit reicht einfach nicht für all die Dinge, die ich vorher noch tun sollte: einkaufen, aufräumen, putzen, kochen, backen, es ist zuviel. Je mehr ich darüber nachdenke, desto hektischer werde ich, desto mehr Dinge fallen mir ein, und desto chaotischer türmt sich eine Pflicht auf die andere. Nun beginne ich an verschiedenen Enden anzupacken: Ich wische Staub und stelle den Backofen an, ich hole Blumen und bügle die Tischwäsche.

Anwendung von Autogenem Training: Wenn ich merke, »ich fange an zu spinnen«, setze ich mich einen Moment hin, lockere die Schultern in der Teilentspannung, mache eine Kurzübung und überlege mir:

Vorsatz: *Ich bleibe ganz ruhig.*
Ich mache eine Sache fertig.
Ich beginne mit dem Wichtigsten
und führe es auch durch.
Ungestörte Zeit nutze ich hochwertig.

Beispiel: Ich will am nächsten Tag verreisen. Nun liege ich im Bett und male mir lebhaft in Gedanken all die Dinge aus, die ich unbedingt noch vorher tun sollte. Da die Zeit aber so begrenzt ist, wächst in mir die Unruhe und das Gefühl: Die Abreise schaffe ich nie. Die innere Hektik steigt.

Anwendung des Autogenen Trainings: Ich mache im Bett eine Spannungsübung. Meist ist die innere Unruhe am stärksten im Leib spürbar. Ich verstärke dort die Spannung, halte sie eine Weile, lasse los und gleite in die Entspannung. In der Entspannung des Autogenen Trainings gehe ich meine Pflichten durch. Falls mir etwas einfällt, was ich nicht vergessen darf, hat diese Störung Vorrang. Ich nehme kurz zurück, schreibe es mir auf oder erledige es. Dann lege ich mich wieder hin und übe erneut.

Vorsatz: *Die Abreise ist wichtig.*
Ich erledige, was möglich ist.

Hektik kann auch dadurch entstehen, daß plötzlich zu viele Dinge zusammenkommen oder sich geplante Termine verschieben. Oft kann man gar keinen geordneten Plan machen, weil dauernd Unvorhergesehenes passiert. Häufig ist das Telefon der Auslöser. Dies ist oft die Situation bei Menschen im Beruf oder bei Müttern mit kleinen Kindern.

Beispiel: Das Telefon klingelt. Eine Aufstellung, die von mir vorgelegt werden soll, wird nicht erst wie geplant morgen, sondern bereits heute nachmittag für eine Besprechung benötigt. Ich fange an durchzudrehen und gerate in Hektik, weil ich nicht in wenigen Stunden das schaffen kann, was ich mir für einen ganzen Tag vorgenommen hatte.

Anwendung des Autogenen Trainings: Ich reagiere sofort mit dem Ruhesignal: »Ich bleibe ganz ruhig«, entspanne die Schultern und mache eine Kurzübung, in der ich mein Vorgehen reflektiere.

Vorsatz: *Ich formuliere so viel wie möglich.*
Aufstellung wichtig,
alles andere kann warten.
Ich schaffe das Nötigste.

Beispiel: Ich will gerade meine Kinder in den Kindergarten bringen, da klingelt das Telefon, und ein Handwerker sagt sich an. Meine Kinder sind unruhig, die Wohnung ist nicht aufgeräumt, ich kann das Haus nicht verlassen, was soll ich anfangen?

Anwendung des Autogenen Trainings: Ich ziehe mich innerlich einen Moment in die Ruhe zurück und rücke die Dinge für mich zurecht.

Vorsatz: *Ich bleibe ruhig.*
Der Haushalt kann warten.
Ordnung jetzt gleichgültig.
Ich beschäftige die Kinder.
Eines nach dem anderen.
Ich schaffe es.

Mit Hilfe des Autogenen Trainings unterbricht man die Hektik, trägt der Zeitnot Rechnung und beschränkt sich. Allerdings ist dieses Sich-Beschränken oft gar nicht einfach. Diese Thematik wird im Kapitel »Überforderung und Leistungsdruck« behandelt.

Konzentrationsschwierigkeiten

Wenn wir uns in Hektik und Anspannung befinden, stellen wir häufig fest, daß wir uns auch schlecht konzentrieren können. Wir werden leicht abgelenkt, wir können nicht bei einer Sache bleiben. Wir können uns nicht wirklich einer Aufgabe, einer Person oder einem Inhalt widmen, weil wir entweder körperlich zu unruhig sind, oder weil unsere Gedanken dauernd abgleiten. Dies bedrückt uns, weil wir so unsere Ziele nicht erreichen können.

Wir möchten die Konzentration verbessern. Wir möchten alles andere ausblenden und wirklich im Hier und Jetzt leben, ganz in der Gegenwart, ohne ständig hin- und hergerissen zu sein, ohne mit den Gedanken immer schon beim Nächsten zu sein, das erst anschließend zu tun ist.

Um das Autogene Training bei Konzentrationsschwierigkeiten anwenden zu können, muß man sich zuerst klarmachen, daß es zwei Arten von Konzentration gibt.

Die Konzentration aus der Entspannung

Wenn man innerlich ruhig und entspannt ist, entsteht eine freischwebende Aufmerksamkeit, die registrierend, passiv alles in sich aufnimmt, ohne Willenskraft. Man ist ganz bei der Sache, ohne sich willentlich dauernd zum Aufpassen rufen zu müssen. Man spürt bei dieser Aufmerksamkeit auch gar keine Anstrengung, man ist einfach da, man ist mit seiner ganzen Person »präsent«. Wenn uns diese Form der Aufmerksamkeit gelingt, fühlen wir uns befriedigt. Sie ist bei allen länger andauernden Tätigkeiten erstrebenswert, bei denen man sich konzentrieren möchte, wie auch bei allem kreativen Tun.

Die Konzentration aus der Anspannung

Wenn man ein festes Ziel vor Augen hat, das man unbedingt erreichen möchte, ist man stark angespannt und erlebt eine aktive, zielgerichtete Aufmerksamkeit. Dies ist ein willensstarkes Sammeln auf ein Zentrum hin. Alle Gedanken sind nur auf einen Punkt konzentriert, so wie eine Linse Lichtstrahlen in einem Punkt sammelt. Diese Form von Aufmerksamkeit verbraucht viel Kräfte, sie ist anstrengend, und man kann sie nur über eine begrenzte Zeit hin anwenden, ohne sich völlig zu verausgaben. Hierher gehören alle Situationen, wo wir unser Bestes geben wollen, wo wir uns durch andere beurteilt fühlen, wo wir geprüft werden.

Für die Anwendung des Autogenen Trainings ist nun folgendes wichtig:

Jede Situation, in der man sich konzentrieren will, kann entweder aus der Konzentration in der Entspannung oder der Konzentration in der Anspannung bewältigt werden. Es liegt eigentlich nie an der Situation in sich, sondern an der Wahl zwischen den beiden Verhaltensweisen, wie gut diese Bewältigung gelingt. Deshalb müssen die Vorsätze im Autogenen Training auch für die beiden Formen von Konzentration, die man unterscheiden muß, verschieden lauten. Wenn man also seine Konzentrationsfähigkeit verbessern möchte, muß man die Situation betrachten und sich zuerst fragen: Erstrebe ich im Moment die Konzentration aus der Entspannung oder aus der Anspannung? Die Beantwortung dieser Frage führt zu einer Vorentscheidung, die sich auf den Vorsatz auswirkt.

Um die Konzentration aus der Entspannung zu verbessern, hat man eigentlich immer die Zeit, eine vollständige autogene Übung zu machen. Bei der Konzentration aus der Anspannung, bei der es sich ja oft um Prüfungssituationen handelt, wird die Übung reduziert, und der Vorsatz steht im Vordergrund.

Beispiel: Ich sitze vor meinen Büchern und will konzentriert lernen, denn in einem Jahr ist meine Abschlußprüfung.

Ziel: Konzentration aus der Entspannung.

Vorsatz: *Ich arbeite stetig.*
Ich behalte, was ich lerne.
Ich schaffe mein Pensum.
Die Namen bleiben hängen.

Beispiel: Ich sitze vor meinen Büchern und will konzentriert lernen, denn morgen ist meine Abschlußprüfung.

Ziel: Konzentration aus der Anspannung.

Vorsatz: *Ich arbeite konzentriert.*
Ich habe mein Wissen parat.
Ich verfüge über mein Wissen.
Die Worte fallen mir ein.

Beispiel: Ich höre einen Vortrag, der mich allgemein interessiert.

Ziel: Konzentration aus der Entspannung.

Vorsatz: *Ich erfasse den Gedankengang.*
Ich höre gut zu.
Ich behalte das Wichtigste.

Beispiel: Ich höre einen Vortrag und soll anschließend die Diskussion leiten.

Ziel: Konzentration aus der Anspannung.

Vorsatz: *Ich erfasse die Zusammenhänge.*
Der Einstieg gelingt.

Ich verstehe das Entscheidende.
Ich höre konzentriert zu.
Ich formuliere treffend.

Beispiel: Ich spiele Tennis oder ein Musikinstrument zu meiner Erholung.

Ziel: Konzentration aus der Entspannung.

Vorsatz: *Ich spiele ganz leicht.*
Es spielt.
Es spielt von allein.
Das Spiel macht Spaß.

Beispiel: Ich spiele Tennis oder ein Musikinstrument, denn mir steht ein Wettkampf oder Konzert bevor.

Ziel: Konzentration aus der Anspannung.

Vorsatz: *Ich schalte schnell.*
Ich reagiere richtig.
Die Finger laufen gut.
Ich behalte den Ball im Auge.
Ich bin bei der Sache.

Sehr häufig braucht man erst eine Zeitlang die Konzentration aus der Entspannung, um Gedanken zu sammeln, um dann in einer Phase der Anspannung alles zu ordnen oder zu reproduzieren. Bewährt hat sich das Bild von der Sanduhr, in der einmal die Gedanken sich wie die Sandkörner langsam sammeln, damit anschließend die Sanduhr umgedreht werden kann und die Gedanken wie die Sandkörner in neuer Ordnung herausströmen, oder das Bild vom Schrank, in dem das Wissen in Schubladen verstaut wird, um dann nach Bedarf schnell wieder aus der richtigen Schublade herausgeholt zu werden.

Auf diese Weise werden dem Gedächtnis die einmal erlernten Inhalte, auch wenn sie zunächst vergessen schienen, wieder verfügbar. Das Autogene Training kann natürlich nie den Lernvorgang ersetzen, aber es kann die Prüfungen erleichtern und die Wahrscheinlichkeit eines guten Ausgangs wesentlich erhöhen, was statistisch vielfach bewiesen worden ist.

Dieses Thema wird weiter vertieft im Kapitel »Leistungsdruck und Überforderung«.

Ängste

Im Alltag sind es vor allem die Erwartungsängste, wenn man Angst vor einem bevorstehenden Ereignis hat, die Wiederholungsängste, wenn man Angst hat, ein bestimmtes unangenehmes Ereignis wiederhole sich, und die Ängste in einer plötzlich auftauchenden Situation, die uns unter Druck setzen und mit Streß belasten. Ängste kommen bei jedem vor. Sie sind notwendig, denn sie machen einen auf Gefahren aufmerksam, mit denen man vorsichtig umgehen muß. Ängste sind daher lebensbewahrend, ein Mensch ohne Angst wäre außerordentlich gefährdet. Andererseits können die Ängste auch bedrohlich sein, und zwar dann, wenn sie in keinem angemessenen Verhältnis zu ihrem Auslöser stehen und sich zur Panik steigern. Panischer Angst ist der Mensch hilflos ausgeliefert. Er wird handlungsunfähig, ja es kann zur Handlungsblockade kommen, wie sie viele Menschen in Prüfungssituationen erlebt haben, wenn sie plötzlich nicht mehr denken und auch nicht mehr sprechen konnten.

Bei Angst erfolgt im Körper eine starke Anspannung, und eine Streßreaktion setzt ein. Die Atmung wird oft verkrampft, das Einatmen verkürzt, und dem Organismus wird zu wenig Sauerstoff zugeführt. Auch der Schulter-Nacken-Bereich ist verspannt. Das deutsche Wort Angst hängt zusammen mit dem lateinischen Wort »angustus«, eng. Es ist einem eng, man meint, in einem Engpaß zu stecken. Man spürt Beklemmungsgefühle und das unangenehme Gefühl der Beengung. Wenn man diese Gefühle verdrängt, so wird die Angst noch größer. Angst ist ein subjektives Gefühl, das sich nicht verbieten läßt und das auch rationalen Argumenten wenig zugänglich ist. Man kann die Angst nicht einfach wegdiskutieren. Der Umgang mit der eigenen Angst ist immer schwierig, denn die Angst hat stets etwas mit der eigenen Lebensgeschichte und den eigenen Vorerfahrungen zu tun. Auch wenn man den Ursprung der eigenen Angst kennt, ist sie dadurch noch nicht aufgehoben. Wenn man aber die Angst bei sich selbst ein wenig beeinflussen kann, so ist dies schon eine große Entlastung und eine Lebenshilfe.

Der Ansatz für die Anwendung des Autogenen Trainings auf die verschiedenen Ängste liegt auf der Körperebene. So wie die Angst körperliche Spannung hervorruft, so wirkt körperliche Entspannung angstmindernd. Das Autogene Training bewirkt eine Entängstigung.

Die Anwendung des Autogenen Trainings auf die Alltagsängste besteht nicht darin, Ängste überhaupt zu verhindern, sondern sie schrittweise zu beeinflussen.

Der erste Schritt muß immer darin bestehen, daß man die Angst bei sich wahrnimmt und vor sich selbst zuläßt:

Ja, es ist so, ich habe vor etwas Angst.

Der zweite Schritt besteht darin, daß man sofort körperlich etwas verändert. Man macht eine ganz kurze Übung und entspannt dabei vor allem den Schulter-Nacken-Gürtel, weil dieser bei Ängsten stets verspannt ist.

Der dritte Schritt ist der Vorsatz. Die Vorsätze in Angstsituationen müssen nach einem ganz bestimmten Muster formuliert werden:

1. Die Angst darf im Vorsatz nicht erwähnt werden, sondern die erstrebte innere Haltung wird in Formulierungen gekleidet wie: ruhig, sicher, frei.
2. Man wählt einen zweigliedrigen Vorsatz. Im ersten Teil des Vorsatzes wird die innere Haltung, im zweiten Teil die erstrebte körperliche Haltung gestärkt. Man überlegt sich also, wie man sich mit seinem Körper verhalten will, um die Angstsituation möglichst gut durchzustehen.

Beispiel: Ich habe Angst, in einem Fahrstuhl zu fahren, weil ich fürchte zu ersticken.

Vorsatz: *Ich bleibe ganz ruhig.*
Die Atmung ist ruhig und gleichmäßig.
Die Luft reicht.
Ich schwebe nach oben.

Beispiel: Ich habe Angst, an einem Hund vorbeizugehen.

Vorsatz: *Ich bleibe ganz ruhig und entspannt.*
Ich gehe mit sicheren Schritten.
Meine Augen schauen geradeaus.
Ich atme ruhig weiter.

Beispiel: Ich habe Angst, auf einen Turm zu steigen, weil ich fürchte, daß mir beim Hinunterschauen schwindlig wird.

Vorsatz: *Ich fühle mich sicher.*
Meine Füße stehen fest auf dem Boden.
Der Kopf ist gut durchblutet.
Meine Hände halten sich am Geländer fest.
Ich schaue geradeaus.

Beispiel: Ich habe Angst, vor Menschen zu sprechen.

Vorsatz: *Ich spreche frei.*
Der Atem fließt.
Jedes Wort kommt sofort.
Ich schaue die Zuhörer an.
Die Worte kommen von selbst.

Daß die Selbstruhigstellung durch das Autogene Training in Angstsituationen wirksam ist, kann man daran merken, daß die verkrampften Körperreaktionen abklingen und sich so ein Gefühl der Zuversicht einstellt. Dadurch wird die Chance einer Bewältigung der Angstsituation wesentlich verbessert und die Gefahr gemindert, daß sich die Angst zur Panik steigert.

Eine Vertiefung der Problematik Angst erfolgt beim Thema »Unsicherheit und Sorgen«.

Schlafstörungen

Wenn man im Alltag viel Streß erlebt, kann man oft auch abends schlecht abschalten, man ist muskulär verspannt und schläft schlecht, die Belastungen des Tages werden mit in den Schlaf genommen. Viele Menschen gebrauchen deswegen regelmäßig Schlafmittel oder trinken Alkohol, denn sie befürchten, daß sie sonst gar nicht zur Ruhe kommen und am nächsten Tag nicht ausgeschlafen und leistungsfähig genug sind. Ihr Verhältnis zum Schlaf ist völlig gestört. Dabei ist es besonders fatal, wenn die Vorstellung von Leistungsfähigkeit und Problembewältigung an eine bestimmte Länge der Schlafenszeit geknüpft wird. Weil man meint, man müsse unbedingt eine bestimmte Stundenzahl schlafen, will man den Schlaf herbeizwingen. Es gilt aber als Regel: Wer schlafen will, schläft nicht. Denn Wollen hängt mit Anspannung zusammen und Schlafen mit Entspannung.

Wenn man seine Hand ruhig ausstreckt, setzt sich die Taube Schlaf darauf, wenn man sie festhalten will, fliegt sie davon. Man muß lernen, dem Schlaf gegenüber gelassener zu werden, man muß umdenken.

Einige Informationen sind dabei hilfreich: Der Körper braucht den Schlaf, um sich zu erholen und zu regenerieren. Wenn man ihm die Möglichkeit anbietet, wird er sich mindestens ein Minimum von 4 – 5 Stunden pro Nacht holen, meist holt er sich mehr. Daran kann er auf die Dauer gar nicht gehindert werden, man schläft dann einfach bei Tätigkeiten des Alltags ein, so wie es viele alte Menschen erleben. Oft merkt man jedoch gar nicht, daß man geschlafen hat, man meint, man habe eine ganze Nacht gewacht, auch wenn im Schlaflabor durch die Messung der Hirnstromkurven eindeutig belegt werden kann, daß jeder gesunde Mensch mindestens das gesund erhaltende Minimum schläft. Schlafen bedeutet dabei nicht unbedingt, daß man frei ist von allen Gedanken. Man schläft in Wellen, es wechseln immer wieder eine Tiefschlafphase und eine Traumphase ab. Beides ist zur Erholung im Schlaf notwendig. Da das Schlafbedürfnis bei einzelnen Menschen verschieden ist und auch bei jedem zu verschiedenen Zeiten wechselt, ist es nicht sinnvoll, die Dauer des Schlafes oder den Einschlafzeitpunkt als Maßstab zu nehmen. Wichtig ist lediglich, daß man sich subjektiv ausgeschlafen und leistungsfähig fühlt. Hierzu kann man das Autogene Training erfolgreich einsetzen.

Viele Menschen merken schon beim Erlernen der Grundübungen, daß sich bei ihnen die Qualität des Schlafes verbessert. Dies ist auch verständlich, wenn man sich klarmacht, daß im Autogenen Training ebenso wie im Schlaf Muskeln, Blutgefäße und Atmung entspannt sind. Die Erschlaffung der Muskulatur, die durch das Autogene Training herbeigeführt wird, löst das angenehme Gefühl von Müdigkeit und Schläfrigkeit aus. Es ist wie eine innere Öffnung für den Schlaf, eine Bereitschaft zum Einschlafen. Man kann deswegen mit dem Autogenen Training bis zu einem gewissen Grade auch Schlaf ersetzen. Man hat nachgewiesen, daß die Erholungsqualität des Autogenen Trainings ähnlich ist wie die des Schlafes. Viele Menschen fühlen sich entlastet, wenn sie wissen und an sich erfahren, daß man sich bei Schlaflosigkeit durch das Autogene Training in einen schlafähnlichen Zustand versetzen kann, in dem man sich erholt. So wird man unabhängig vom Gefühl des »Schlafenmüssens«. Auch nach längerem Schlafmittelgebrauch tritt nach einiger Zeit, wenn man die Medikamente abgesetzt hat, der natürliche Schlafrhythmus wieder ein. Müdesein und ein ruhiges, entspanntes Daliegen beschleunigen das Hinüberwechseln in den Schlafzustand.

Autogenes Training bei Einschlafstörung

Von Einschlafstörung spricht man dann, wenn man zu seiner gewohnten Zeit ins Bett geht, aber nicht einschlafen kann und stundenlang wachliegt. Dies kommt bei fast jedem gelegentlich vor und hängt meist mit den Belastungen des vorhergehenden Tages zusammen. Man macht nun in der gewohnten Schlafhaltung eine lange autogene Übung. Dabei sinkt man in das Niemandsland zwischen Wachen und Schlafen, indem die Gedanken häufig von der Übung abschweifen. Das nimmt man ganz gelassen hin und kehrt anschließend zu einem beliebigen Übungsteil oder zum Vorsatz zurück. Wenn einen die Gedanken aber plagen und beunruhigen und wie ein wirrer Film vor dem inneren Auge ablaufen, so hat sich der Vorsatz bewährt:

Die Gedanken verschwinden.
Computer aus.

Die Ruhe beim Einschlafen wird verstärkt durch folgende Vorsätze:

Die Augen sind müde und schwer.
Die Ruhe kommt mit der Atmung.

*Mit jedem Atemzug sinke ich tiefer in die Entspannung.
Der Schlaf wird kommen,
wann ist gleichgültig,
nur die Ruhe ist wichtig.
Die Augenlider sind schwer und warm und müde.*

Autogenes Training bei der Durchschlafstörung

Hierbei handelt es sich um eine Schlafstörung, die auftritt, wenn man bereits etwas geschlafen hat. Dann wacht man wieder auf und ist entsetzt, daß es noch so früh ist. Man kann nicht wieder einschlafen. Meist wacht man nach einer Traumphase auf. Oft hat man etwas geträumt, was belastet, aber der Traum ist schon wieder vergessen. Geblieben ist aber das unruhige Gefühl. Wenn man darauf achtet, weiß man meist auch noch, welche Gedanken einem gleich beim Aufwachen durch den Kopf gingen, denn mit ihnen hängt das Spannungsgefühl zusammen.

Diese starke innere Unruhe läßt sich nicht direkt in die Ruhe des Autogenen Trainings überführen. Man muß daher zuerst die Spannung verstärken, indem man entweder kurz aufsteht und dadurch willentlich unterbricht, oder indem man im Bett gezielte Spannungsübungen für den Körper macht, so wie dies als Technik bereits besprochen wurde. Erst danach kommt man schrittweise wieder in die tiefe Entspannung und fügt der Übung einen Vorsatz hinzu, der das Problem verschiebt. Zum Beispiel:

*An die Prüfung denke ich morgen.
Morgen plane ich weiter.
Die Worte überlege ich mir morgen.*

Der Vorsatz ist nur wirksam, wenn man das Verschieben auch wirklich bejaht. Danach bleibt man ruhig liegen und überläßt sich dem Autogenen Training, bis die Ruhe wieder in den Schlaf übergeht.

Autogenes Training beim Übermaß an Schlaf

Hierbei handelt es sich um Menschen, die sehr viele Stunden schlafen können, danach aber nicht erquickt, sondern erschöpft aufwachen. Sie schlafen sich müde. Dies ist im allgemeinen anlagebedingt, wird aber im Streß verstärkt. Bei diesen Menschen sinkt der Blutdruck im Schlaf zu stark ab, so daß sich bei sehr langem Schlaf eine kaum überwindbare Erschlaffung einstellt. Hier muß das Schlafverhalten mit Hilfe des Autogenen Trainings verändert werden. Man stellt sich abends den Wecker und stellt sich zusätzlich die Kopfuhr, den inneren Wecker, zum Beispiel mit dem Vorsatz:

Der Schlaf ist tief und erfrischend.
Um 7.00 Uhr bin ich munter und wach.

Der Zeitpunkt sollte nach höchstens 8 – 9 Stunden liegen und vor allem genügend Zeit lassen zu einem langsamen Wiederauftauchen aus dem Schlaf. Wenn der Wecker klingelt, macht man sofort noch im Liegen erste körperliche Spannungsübungen, läßt danach los und verwendet in ganz kurzem Autogenem Training Vorsätze, die den Blutdruck erhöhen und das Wachwerden erleichtern:

Das Herz schlägt ruhig und kräftig.
Das Gehirn ist gut durchblutet.
Ich fühle mich erfrischt.
Ich erwache frisch und klar.
Ich bin schnell munter.

Da man hier mit dem Autogenen Training eine körperliche Reaktion verändern möchte, ist es günstig, wenn man dieses Verhalten ganz systematisch jeden Morgen einübt und sich zur Gewohnheit macht.

Körperliche Symptome

Wenn man sich im Streß befindet, so fühlt man sich häufig auch körperlich nicht wohl. Es kann sich um unangenehme Empfindungen handeln oder aber auch um regelrechte Schmerzen. Manchmal kann die Störung objektiv nachgewiesen und gemessen werden, manchmal spürt man sie nur selbst, man spricht von funktionellen Störungen. In jedem Fall sind alle Mißempfindungen im Körper Signale dafür, daß irgendwo eine Störung vorliegt, die sich körperlich auswirkt. Das Symptom muß beim Arzt abgeklärt werden, um auszuschließen, daß es sich um die Anzeichen einer ernsten Erkrankung handelt.

Erst danach darf man das Autogene Training verwenden, um die Störungen zu vermindern oder zu beseitigen. Da jeder eine individuelle Schmerzgrenze hat, entscheidet er selbst, wann er eine unangenehme Körperempfindung beeinflussen möchte. In der Entspannung wird die Schmerzschwelle verändert. Wichtig ist, daß man mit dem Autogenen Training rechtzeitig einsetzt, daß man gleich einschreitet und nicht dem Schmerz hinterherläuft, ohne ihn je zu erreichen. Man läßt das Gefühl von Angst vor noch stärkerem Schmerz zu, man macht sich klar, daß man beunruhigt ist und daß andererseits alle Emotionen nur eine begrenzte Dauer haben. Dadurch wird die Störung zugleich verharmlost, man ist weniger beunruhigt und kann mit dem Autogenen Training tätig werden.

Bei körperlichen Symptomen werden die Vorsätze des Autogenen Trainings nach folgendem Muster formuliert und an die lange oder kurze Übung angehängt:
1. Die schmerzende Stelle wird mit eigenen Worten möglichst genau bezeichnet.
2. Innere Schmerzen werden warm gestellt, es wird vor allem das Körperinnere vermehrt durchblutet. Die Vorstellung für alle Organe des Körperinnenraums lautet immer: warm, warm durchströmt, gut durchblutet.

3. Äußere Schmerzen werden kühl gestellt, es wird weniger durchblutet. Hierher gehören die Haut, aber auch die Schleimhäute von Mund und Nase, der ganze Mund und Rachenraum. Die Vorstellung lautet: kühl, angenehm kühl.
4. Zur Vorbeugung wird lange geübt, bei akutem Schmerz kurz und häufig.
5. Je stärker der Schmerz, desto kürzer und häufiger die Übung.

Es ist dabei wichtig, daß die Vorstellung von Wärme oder Kühle als angenehm empfunden wird. So kann bei Kopfschmerz manchmal das Bild von der kühlen Kompresse durch den Vorsatz verstärkt werden:

Die Schläfen sind kühl.
Der Kopf ist frei und leicht.

Manchmal hat man aber auch das Bedürfnis nach Wärme, dann lautet der Vorsatz bei Kopfschmerz:

Das Gehirn ist gut durchblutet.
Der Nacken ist angenehm warm.
Der Augenhintergrund ist gut durchblutet.
Der Schmerz klingt ab.

Die Vorsätze bei weiteren körperlichen Symptomen können folgendermaßen lauten:

Bei Schwitzen in den Händen:

Hände bleiben kühl und trocken.

Bei Erröten:

Der Kopf bleibt kühl,
das Blut strömt in die Füße.

Bei Jucken:

Die Haut bleibt kühl.
Ich spüre einen Luftzug.
Die Hände bleiben ruhig.
Das Jucken klingt ab.

Bei Periodenschmerzen:

Der Unterleib ist warm und gut durchblutet.
Der Krampf löst sich.

Bei sexuellen Schwierigkeiten:

Becken strömend warm, gut durchblutet.
Unterleib ruhig, warm, entspannt.
Ich bleibe gelöst, aktiv, frei.
Ich lasse los und öffne mich.

Bei Herzbeschwerden:

Der Brustraum ist weit und warm.
Der Brustraum ist frei und weit.
Das Herz schlägt ruhig.

Bei nervösem Hustenreiz:

Nase und Rachen kühl.
Luft strömt frei und leicht.
Atem fließt von selbst.

Bei langandauernden Schmerzen:

Ich nehme keinen Anteil an meinem Schmerz.
Schmerz ist gleichgültig.

Im Streß ist der Körper oft wie eine Feder gespannt, und man stellt bei sich vielfältige körperliche Symptome fest. Man fürchtet und erwartet, daß sich der unangenehme Zustand noch weiter verschlimmern könnte. Dadurch nimmt die Spannung und auch die Schmerzempfindlichkeit immer mehr zu. Wenn man sich aber im Autogenen Training entspannt, wenn man nachgibt und sich fragt: Was tut mir jetzt gut?, so wird man in der Ruhe einen Vorsatz und eine Antwort für seinen Körper finden, die Erleichterung bringen. Auch wenn sich Schmerzen durch eine Selbsthilfemethode nur ein Stück weit beeinflussen lassen, so ist es doch schon hilfreich, wenn man dem Schmerz nicht einfach ausgeliefert ist, wenn man selbst etwas tun kann und dadurch weniger Schmerzmittel braucht.

Abhängigkeiten

Streß und Ängste führen häufig zu Abhängigkeiten. Die Ausgangssituation ist immer, daß es einem nicht gutgeht. Man fühlt sich ängstlich oder überlastet oder unruhig oder verspannt oder übermüdet oder bedrückt und sucht deswegen nach einem Ausweg. Rauchen, Alkohol, Beruhigungsmittel oder Schmerzmittel bringen kurzfristig Erleichterung, so daß man sich wieder besser fühlt. Das elementare Lebensbedürfnis nach Wohlbefinden, das im Streß verlorengegangen ist, wird befriedigt. Beim Absetzen tritt aber der frühere unangenehme Zustand wieder ein, deshalb spürt man den Drang, das Mittel wieder zu gebrauchen. Schon bald muß jedoch die Menge erhöht werden, um den gleichen wohltuenden Effekt zu erzielen. Je stärker man sich an das Mittel gewöhnt, desto mehr fürchtet man, von ihm abhängig zu werden und die Selbstkontrolle zu verlieren.

Abhängig ist man dann, wenn man nicht mehr nur Entlastung vom augenblicklichen Streß erstrebt, sondern wenn man ohne das Mittel nicht mehr auskommt. Der Verzicht erscheint einem unerträglich zu sein. Ein Kennzeichen dafür, daß man von etwas abhängig ist, besteht oft in der Tarnung. Man möchte nicht, daß andere merken, daß einem etwas unverzichtbar ist. Man benutzt das Mittel heimlich. Man verliert die Kontrolle und kann sich nicht mehr bremsen. Man ist sich einerseits des Problems bewußt und spürt andererseits einen großen inneren Widerstand gegen eine Änderung dieser Situation. Deshalb ist der Umgang mit Abhängigkeiten so sehr schwierig.

Das Autogene Training kann man nur dann anwenden, wenn eine ausreichende eigene Motivation vorhanden ist, sonst bleiben alle Vorsätze ohne Resonanz. Man muß also warten, bis man selbst wirklich bereit ist, sich aus einer Abhängigkeit zu lösen. Die formelhaften Vorsätze sind nur dann wirksam, wenn sie sich aus der Motivation des Übenden ergeben, sie können nur Vorhandenes stärken. Man muß sich also fragen, ob für einen selbst der richtige Zeitpunkt gekommen ist, zu dem man sich den Verzicht zumuten kann. Abhängigkeiten, die sich ja über längere Zeit eingeschliffen haben, kann man mit dem Autogenen Training nicht wegzaubern, aber man kann die Voraussetzungen für einen Entzug wesentlich verbessern, denn je wohler man sich in seiner Person fühlt, desto weniger ist man auf äußere Hilfsmittel angewiesen.

Oft fühlen sich Menschen auch von Dingen des täglichen Lebens abhängig, von der Arbeit, vom Telefonieren, vom Fernsehen, von Süßigkeiten, vom Kaffeetrinken. Auch sie können ihr Verhalten mit Hilfe des Autogenen Trainings ändern, wenn der Zeitpunkt für sie richtig ist und wenn sie sich wirklich nach einer Änderung sehnen.

Wenn man sich zu einer Verhaltensänderung entschlossen hat und den Zeitpunkt für richtig hält, geht man folgendermaßen vor:

Man überlegt zuerst einen Vorsatz. Dieser Vorsatz wird eindeutig, negativ und radikal formuliert. Das Ziel ist das Wegstreben von etwas, was man jetzt ablehnt. Man macht mehrmals am Tag eine vollständige autogene Übung und streut den Vorsatz immer wieder ein, indem man ihn an die verschiedenen Formulierungen der Grundübungen anhängt. In jeder Versuchungssituation macht man sofort die Kurzübung.

Man kann auch die sogenannte Übungskette verwenden, um eingeschliffene Verhaltensabläufe zu beeinflussen. Dabei verknüpft man das Autogene Training mit vielen einzelnen Schritten des Alltags, die sich wie Perlen einer Kette aneinanderreihen. Man stellt sich in der Ruhe des Autogenen Trainings den nächsten Schritt vor, den man tun möchte, formuliert einen Vorsatz und führt diesen Schritt aus. Auch den nächsten Schritt knüpft man wieder an das Autogene Training, das immer mit der Zielvorstellung »Ich bin ganz ruhig und entspannt« eingeleitet wird. So können auch ganz alltägliche Abläufe mit in das Autogene Training und seine Ruhe einbezogen werden, die Abschnitte des Tages werden von der Ruhe begleitet. Der Vorsatz wird immer wieder einprogrammiert, und man erlebt die Situation entspannter, mit weniger Anstrengung und kann sie so besser bewältigen.

Man übt frei von jedem Erfolgszwang innerhalb einer bestimmten Zeitspanne, und man entschließt sich zu unbegrenzter Ausdauer. Dadurch entkrampft man die Übungen, das Selbstmitleid nimmt ab, und die Widerstandskraft wächst. Gleichzeitig bewahrt man sich vor zu hochgeschraubten Erwartungen, die einen überfordern und verspannen.

Beispiel: Ich will heute aufhören zu rauchen.

Vorsatz: *Ich rauche nicht.*
Ich schaffe es.
Rauchen macht nichts besser.
Rauchen ist Gift für mich.
Ich erreiche mein Ziel.

Beispiel: Ich will aufhören zu trinken.

Vorsatz: *Ich trinke nicht.*
Jeder Augenblick ist wichtig.
Das erste Glas lasse ich stehen.
Trinken ruiniert mich.
Ich will gesund bleiben.

Es geht immer darum, einen Bruch im gewohnten Verhalten herzustellen. Dabei müssen die Vorsätze um so negativer sein, je stärker die körperliche Abhängigkeit ist und je mehr die Entzugserscheinungen das Durchhalten erschweren.

Das Thema wird vertieft im Kapitel »Leistungsfähigkeit verbessern«.

Erschöpfung

Das schwerste Symptom für ein Übermaß an Streß ist die Erschöpfung. Ich bespreche dieses Phänomen als letztes, weil alle bisher besprochenen Streßsymptome – die Hektik, die Konzentrationsschwäche, die Angst, die Schlafstörungen, die körperlichen Symptome und die Abhängigkeiten – bereits Anzeichen der sich anbahnenden Erschöpfung sein können. Es handelt sich immer darum, daß zuviel Kraft und Energie verbraucht werden, man wird verschlissen, das Gewand wird dünn und brüchig. Dadurch entstehen körperliche Krankheiten, das Gefühl des »Ausgelaugtseins«, oft Ärger und Depression. Man spürt die Symptome, ist zutiefst beunruhigt und bekommt Angst. Dadurch verspannen sich die Muskeln, der Schmerz nimmt zu, die Angst steigt, und der sich selbst verstärkende Kreislauf des Übels, der Circulus vitiosus, ist geschlossen, die Erschöpfung nimmt zu.

Erschöpfung entsteht durch anhaltende Überlastung,

wenn einem zu viele Belastungen ohne nennenswerte Pause zugemutet worden sind, wenn sie sich summiert haben, ohne daß zwischendurch genügend Zeit zur Erholung und zum Regenerieren da war. Erschöpfung gibt es auf körperlichem, seelischem und geistigem Gebiet. Die Streßfaktoren, die sich häufen, können aus allen drei Bereichen stammen, und sie bedingen sich oft gegenseitig. Es handelt sich um vielfältige Dauerbelastungen und Reaktionen darauf.

Das Gefühl der Erschöpfung, »Ich kann nicht mehr, mir ist alles zuviel«, ist immer mit einer Sehnsucht nach Entlastung, nach Pause verbunden. Man möchte wieder ins gesunde Lot kommen. Man denkt nur noch an sein Problem, und dieses Problem läßt sich durch einfache Maßnahmen nicht lösen, sonst hätte man es längst getan. In der vergeblichen Suche nach einem schnellen Ausweg, einer Patentlösung, werden weitere Energien verbraucht. Ausreichender Schlaf und wenn möglich ein Urlaub wären die geeigneten Maßnahmen, sind aber oft zum jetzigen Zeitpunkt nicht möglich.

Erstes Anzeichen von Erschöpfung ist eine unbestimmte, wachsende innere Unruhe. Dies ist ein Warnzeichen, wie beim Auto, wenn die Warnlampe anzeigt, daß der Öldruck sinkt. Und diese innere Unruhe ist gepaart mit starker Muskelspannung, besonders im Hals- und Rückenbereich. Dazu kommt, daß man sich psychisch labil fühlt, alles regt einen auf, die Tränen kommen leicht, man ist bedrückt und verliert leicht die Kontrolle über sich. Andererseits fühlt man sich wie gelähmt, alles ist einem zuviel, und man ist unfähig, entlastende Veränderungen vorzunehmen. Die Versuchung ist groß, diese unangenehme Streßsituation mit Alkohol oder Medikamenten zu überdecken, was aber natürlich keine echte Lösung des Problems ist.

Ein weiteres Kennzeichen dafür, daß man auf die Erschöpfung zusteuert, ist die Vermischung von Anspannung und Entspannung. Wenn man arbeitet, denkt man an die Erholung, die man ersehnt, und wenn man sich erholt, denkt man an die Arbeit, die man eigentlich tun müßte. Man kann nicht effektiv arbeiten, weil man erschöpft ist und spürt, daß man Erholung brauchte. Wenn man sich aber eine Pause gönnt, kann man nicht abschalten. Man ist fehlangepaßt. Man lebt so, als sei man dauernd in einer Notsituation. Spannungszustand und Überaktivität sind chronisch geworden. Dadurch verliert man die Erholungsfähigkeit, der Vorgang der Entmüdung kann nicht mehr ausreichend stattfinden. Die Gefahr ernster Erkrankungen und eines Zusammenbruchs aller Kräfte wird zur akuten Bedrohung.

Durch das Autogene Training kann man verhindern, daß man in den Erschöpfungszustand hineingerät. Schultz hat die Gesundheitsvorsorge bereits als eines der Ziele des Autogenen Trainings beschrieben. Dadurch, daß man lernt, mit den einzelnen Streßsymptomen bewußter umzugehen, wird die Wahrscheinlichkeit gemindert, daß sie in ihrer Summierung zur Erschöpfung führen. Wenn die einzelne Streßsituation nicht mehr entgleist, verbraucht sie nicht mehr ein Übermaß an Energie und klingt auch schneller wieder ab. Dadurch, daß man auch im Alltag das Gefühl des entspannten Körpers kennt, nimmt man Spannungen früher wahr und kann rechtzeitig loslassen und innehalten, ehe die Spannung zur unbeeinflußbaren Daueranspannung geworden ist, die am Ende in die Erschöpfung mündet.

Wenn die Umstände aber so ungünstig waren, daß man in die Erschöpfung hineingeraten ist, so verwendet man das Autogene Training folgendermaßen:

Man sucht nach Lücken während des Tages, in denen man die Ruheübung machen kann. Bei Erschöpfungszuständen hilft nur gründliches Abschalten. Ist man zu unruhig, dann macht man zur Einleitung Spannungsübungen, um schrittweise in eine echte körperliche Entspannung zu gleiten wie bei einem kurzen Schlaf.

Ziel muß immer die ausführliche und zeitlich ausgedehnte Ruheübung sein, möglichst im Liegen ausgeführt.

Erstrebt wird echte Erholung möglichst häufig am Tag. Der heilende Faktor bei Erschöpfung liegt in dem tiefen Grad der Entspannung durch das Autogene Training. Damit müssen sogenannte Ereignisketten durchbrochen werden. Statt daß auf eine Belastung gleich eine neue folgt, wird durch das Autogene Training eine Entlastungsphase eingeschoben. Dadurch wird verhindert, daß sich der Druck, der sich in der körperlichen Anspannung äußert, nahtlos auf die nächste Situation überträgt, so daß diese folgende Belastungssituation schon von vornherein mit einem Minus beginnt. Die Verspannung ist bereits da, bevor die neue Situation sie erst hätte auslösen müssen. Durch das Autogene Training erholt man sich jedoch zwischendurch, man kommt wieder auf den »Nullpunkt«, es wird möglich, daß ein Gleichgewicht hergestellt wird, ehe es weitergeht.

Man kann den Verschleißprozeß dadurch beenden, daß man durch die gezielte, regelmäßige Anwendung des Autogenen Trainings auch das subjektive Verhalten in der objektiven Belastungssituation verändert. Man hört auf, sich zur Disziplin zu rufen: »Gib dir einen Ruck, laß dir nichts anmerken, tu so, als ob dir die Belastungen nichts ausmachen.« Man gibt diese Form der Selbstbeherrschung auf und gesteht sich ein: »Es ist mir zuviel, diese Belastung kann ich normalerweise nicht schaffen. Ich bin erschöpft. Ich gönne mir eine Pause.« Man macht eine ausgedehnte autogene Übung und schafft sich dadurch einen Freiraum, die Möglichkeit eines zeitlichen Rückzugs. Man beendet die kritiklose Bereitschaft zur Selbstüberforderung.

Vorsatz: *Ich erhole mich.*
Alltag jetzt gleichgültig.
Probleme können warten.
Arbeit jetzt gleichgültig.
Ich schalte ab.
Ich genieße die Ruhe.
Ich schließe den Vorhang.

Das Bild vom Schalter, mit dem man im Moment das Fernsehprogramm abschaltet, hat sich bewährt. Man schaltet nicht ein für allemal ab, man entzieht sich der Situation nicht völlig, sondern nur zum Kräfteauftanken. Dadurch wird die Regenerationsfähigkeit wiedererlangt und die Arbeit von der Pause eindeutig getrennt. Schrittweise wird die Erschöpfung abgebaut.

Dieses Thema wird fortgesetzt im Kapitel »Belastende Lebenssituationen und Krisen«.

Das Autogene Training beim Umgang mit den tieferen Ursachen der Streßsymptome

Wenn man das Autogene Training bei Störungen des Wohlbefindens anwendet, dann beginnt man bei den Symptomen, und oft erreicht man damit sein Ziel, daß man die Störung befriedigend beseitigt. Symptome sind aber häufig Anzeichen einer tieferliegenden Ursache, die dem Symptom zugrunde liegt und es ausgelöst hat. Oft handelt es sich um ein Problem, das nicht nur symptomatisch bearbeitet werden kann, sondern bewußtgemacht werden muß, damit auch das Symptom dauerhaft weichen kann. Man kann nur bei sich selbst spüren und für sich selbst beantworten, ob man in einem bestimmten Bereich Veränderung erstrebt und das Autogene Training im Moment auf dieser tieferen Ebene verwenden möchte.

Leistungsdruck und Überforderung

Ein übergroßer Leistungsdruck und ein Gefühl der Überforderung sind oft die Ursache dafür, daß Streßsymptome auftreten. Wenn zu viele oder zu schwere Forderungen auf uns zukommen, so empfinden wir erhöhten Leistungsdruck, der so stark werden kann, daß er unsere Kräfte übersteigt, und wir fühlen uns den Forderungen nicht gewachsen.

Während ein gewisser Druck für viele Menschen notwendig ist, um eine Leistung zu erbringen, sprechen wir hier von einem übermäßigen Leistungsdruck, der von Versagensangst begleitet ist. Man fühlt sich geistig, seelisch oder körperlich so überfordert, daß man aus zeitlichen oder kräftemäßigen Gründen die Leistung nicht erbringen kann und fürchten muß, bei der Beurteilung durch andere oder durch sich selbst verurteilt und abgelehnt zu werden.

Nun ist aber jede Leistung begrenzt. Jeder hat auf einem bestimmten Gebiet seine Grenzen, die er nicht überschreiten kann. Das Optimum, das man auf einem bestimmten Gebiet leisten kann, ist die eigene Bestleistung, die sich bei der eigenen Veranlagung, Vorgeschichte und momentanen Verfassung nicht mehr steigern läßt. Es geht darum, diese jetzt mögliche persönliche Bestleistung, dieses Optimum, zu erreichen. Vergleiche mit anderen sind deswegen wenig hilfreich, weil von jedem Menschen der Leistungsdruck verschieden empfunden und verarbeitet wird. Zu starker Leistungsdruck ist jedoch ein negatives Gefühl, das die Leistung häufig mindert, weil es belasten, lähmen und handlungsunfähig machen kann.

Überforderungssituationen treten besonders dann auf, wenn man sich in Hektik und Zeitnot befindet, weil man verschiedene wichtige Dinge zur gleichen Zeit tun müßte. Der wunde Punkt in dieser Lage ist, daß einem zu diesem Zeitpunkt zwei oder mehr Dinge gleich wichtig erscheinen. Wenn andere diese Einschätzung nicht teilen und meinen, es sei doch ganz einfach, etwas wegzulassen, so hilft einem dies nicht. Gemäß der eigenen Werteeinschätzung fühlt man sich überfordert, weil diese Dinge einem selbst wichtig erscheinen, sie sich aber zeitlich oder kräftemäßig gegenseitig ausschließen. Dadurch entsteht eine starke Spannung, man kommt in eine Zerreißprobe, denn man wird nach verschiedenen Seiten hin- und hergerissen, man weiß nicht, was man tun soll. Manchmal gelingt es, durch einen Trick oder durch eine Umorganisation doch noch alles zu erledigen, dann hat man die Zerreißprobe bestanden, und man fühlt sich befriedigt. Häufig gibt es aber solch einen Ausweg nicht. Wie man es auch dreht und wendet, man schafft es einfach nicht, alles zu tun oder alle zu befriedigen. Man bekommt Schuldgefühle und ein schlechtes Gewissen, weil man voraussieht, daß man versagt. Die innere Ratlosigkeit und Zerrissenheit kann zu den verschiedensten Streßsymptomen führen, zu Hektik, zu Konzentrationsmangel, zu Ängsten, zu Schlaflosigkeit und oft zu körperlichen Symptomen wie Herzklopfen, Spannungskopfschmerz und Magenbeschwerden. Sie kann natürlich sehr leicht auch in die Abhängigkeit von Alkohol oder Medikamenten führen, die sich als Ausweg und momentane Beruhigung anbieten.

Mit Hilfe des Autogenen Trainings kann man aber andere Lösungsmöglichkeiten für die Situation von Leistungsdruck und Überforderung finden. Man hält inne und macht eine Ruheübung. In der Ruhe wägt man die Möglichkeiten der Situation ab und beendet die Zerreißprobe. Man entscheidet für jetzt und für heute. Aus der persönlichen Sicht heraus fällt man eine begrenzte Entscheidung nur für jetzt, nicht für immer. Man gibt im Moment einer Sache den Vorrang und nimmt in Kauf, daß dadurch anderes liegenbleibt und benachteiligt wird. Man geht nach dem subjektiven Gefühl der Dringlichkeit vor, nachdem man sich in der Ruhe die objektiven Gesichtspunkte vergegenwärtigt hat. Die Entscheidung wird also nicht immer gleich ausfallen. Wer oder was heute zu kurz kommt, liegt einem morgen vielleicht besonders auf der Seele. Man spürt, was der eigenen Person entspricht, man hört auf sich selbst. Man macht sich klar, daß man bei der Beurteilung der Situation stets einen Spielraum hat. Die Anforderungen können einen nur dann so überfordern, wenn man selbst ihnen ein solch hohes Gewicht gibt, wenn man sich ihnen ausliefert. Wo man dagegen in einer bestimmten Situation Prioritäten setzt, kann man den Leistungsdruck in einem solchen Maß akzeptieren, daß er mit der eigenen Leistungskraft noch verträglich ist. Es wird ein Vorsatz formuliert, der immer eine zeitliche Komponente enthalten muß und verstärkt wird durch die Formulierung:

Ich stehe zu meiner Entscheidung.

Der Wirrwarr sich widersprechender Gefühle wird dadurch geordnet, der Mensch wird handlungsfähig.
Manchmal ist es auch möglich, einer Person, die man heute benachteiligt hat, eine kurze Erklärung und Begründung für die Entscheidung zu geben und um Verständnis zu bitten. Im Familienleben ist es oft erstaunlich, wie selbst kleine Kinder eine eindeutige Entscheidung respektieren und dann kooperieren. Hierzu lautet der

Vorsatz: *Zumuten ist auch Vertrauen.*

Die eigene Haltung ist gekennzeichnet durch den

Vorsatz: *Der nächste Schritt ist der wichtigste.*
Ich kann – darf – muß – auch nein sagen,
um mich nicht zu überfordern.

Beispiel: Ich will als Hausfrau das Mittagessen fertigkochen, weil mein Mann eine kurze Mittagspause hat. Gleichzeitig kommen die Kinder aus der Schule nach Hause und möchten mir ihre Klassenarbeiten zeigen. Wenn mir mein Mann gleichgültig ist oder die Kinder, entsteht keine Überforderungssituation. Falls ich einen Auflauf im Ofen habe und deswegen abkömmlich bin, auch nicht. Fühle ich mich aber zwischen zwei Pflichten hin- und hergerissen, muß ich eine klare Entscheidung treffen. Diese kann etwa zu einem der folgenden Vorsätze führen:

Vorsatz: *Ich bleibe ganz ruhig.*
Ich koche das Essen fertig.
Heute geht mein Mann vor.

Oder: *Ich bleibe ganz ruhig.*
Ich tröste jetzt mein Kind,
alles andere kann warten.

Beispiel: Ich habe eine dringende Terminarbeit, die zu meinen täglichen Pflichten dazukommt. Außerdem habe ich einen Schnupfen und gehöre zeitig ins Bett.

Vorsatz: *Ich bleibe ganz ruhig.*
Heute kuriere ich mich aus,
morgen stehe ich zeitig auf.

Oder: *Ich bleibe ganz ruhig.*
Ich halte heute durch, bis die Arbeit fertig ist,
morgen gebe ich nach.

Beispiel: Ich muß meine Prüfung bis zu einem bestimmten Termin schaffen, sonst geht mir das Semester verloren. Ich bin aber mit dem Stoff noch nicht fertig.

Vorsatz: *Ich bleibe ganz ruhig.*
Ich arbeite regelmäßig.
Heute lese ich ein Kapitel.
Jetzt mache ich die Rechnung.
Ich leiste, so gut ich kann.
Ich schaffe es.

Beispiel: Verschiedene wichtige Termine überschneiden sich.

Vorsatz: *Ich bleibe ruhig.*
Ich treffe für heute eine Wahl.
Ich bleibe dabei.
Ich telefoniere.
Ich rechne ab.

Immer dann, wenn Leistungsdruck uns in Spannung versetzt, kann man mit der ruhigen Einstellung des Autogenen Trainings besser mit der Situation fertig werden. Die Spannung braucht im allgemeinen allerdings nicht ganz abgebaut zu werden, denn leichte Anspannung ist oft die Voraussetzung für eine optimale Leistung. Durch das Autogene Training kann man aber mit den eigenen Kraftreserven ökonomischer umgehen und dadurch belastbarer werden für Leistungsdruck und Überforderung.

Diese Thematik wird vertieft im Kapitel »Leistungsfähigkeit erhöhen«.

Kränkung und Kritik

Eine der Ursachen, warum uns die Bewältigung des Alltags oft schwerfällt, sind Kränkung und Kritik. Kränken bedeutet krank machen, etwas hat uns krank gemacht und uns Lebensfreude und Leistungsbereitschaft geraubt. Wir fühlen uns verletzt und durch die Kränkung geschwächt. Streßsymptome treten auf: Wir sind unruhig und können uns nicht konzentrieren, weil unsere Gedanken sich ständig um die Kränkung drehen und uns bedrücken, wir schlafen schlecht, brauchen Beruhigungsmittel und fühlen uns erschöpft.

Kränkung wird uns durch einen anderen Menschen zugefügt. Je näher wir ihm innerlich sind, desto größer ist die Gefahr, daß wir ihn verletzen oder von ihm verletzt werden. Ein fremder Mensch kann uns gar nicht so tief kränken, denn wir wissen ja, er kennt uns nicht wirklich. Es ist geradezu ein Kennzeichen innerer Nähe, daß wir kränkbarer sind.

Die Kränkung kann nun entweder ungeplant, absichtslos, gedankenlos geschehen, oder aber auch in Form absichtlicher, provozierender, aggressiver Verletzung oder Kritik. Wir spüren immer ein Gefühl von Nichtakzeptiert-

und Zurückgewiesenwerden, von Geringschätzung, Übelwollen, von Abwertung oder gar Verachtung dahinter. Das tut uns weh, denn wir haben alle das elementare Bedürfnis, als Person geachtet zu werden.

Manchmal merkt man gar nicht, wie verletzt man ist, sondern man spürt nur als Reaktion ein Gefühl von Ärger und Groll oder Niedergeschlagenheit, man ist damit im wahrsten Sinne des Wortes »belastet«. Man trägt an einer inneren Last, die man nicht abschütteln kann. Vor allem, wenn in der kränkenden Äußerung das Wort »immer« vorkommt, hat man das Gefühl, keinerlei Chance mehr zu haben, und man ist ganz deprimiert. Je weniger man mit der Kränkung einverstanden sein kann, desto mehr ist man bedrückt.

Es stellt sich die Frage, wie man mit der Kränkung besser umgehen kann. Leider hat man nicht die Möglichkeit, sie völlig zu vermeiden, denn sie gehört zu jedem Miteinander. Jeder von uns hat einfach Stellen, wo er besonders leicht verletzt wird, kränkbar ist und oft überempfindlich reagiert. Dies hängt mit der eigenen Vorerfahrung zusammen, mit der eigenen Vergangenheit, in der man an diesen Stellen schlechte Erfahrungen gemacht hat. Besonders empfindlich reagiert jeder bei Dingen, die die eigene Person unabänderlich betreffen: der Name, die Größe, die Hautfarbe, das Aussehen, das Alter, die Herkunft. Auch unsere ganz persönlichen Charakterzüge, unsere geistigen und seelischen Eigenheiten gehören zum Wesen unserer Person.

Es gilt nun als Regel: Man ist um so tiefer gekränkt, je mehr man sich Mühe gegeben hatte und je sicherer man erwartete, Anerkennung zu finden. Man sehnt sich nach Dank, der Lohnqualität hat und eine positive Wertschätzung bedeutet. Wenn man sich gar überwinden mußte und echte Opfer gebracht hat, kränkt es einen besonders, wenn die Anerkennung ausbleibt. Danach fühlt man sich oft tagelang bedrückt.

Durch das Autogene Training kann man sich besser

schützen. Wenn man spürt, daß man gekränkt ist, macht man eine ausgedehnte Ruheübung. In der Ruhe vergegenwärtigt man sich noch einmal die Belastungssituation. Man wendet sie rückblickend vor seinem inneren Auge hin und her und fragt sich:

Mache ich mich kränkbar?
Bringe ich Opfer, die gar nicht erwartet werden?
Kann ich mich zukünftig besser schützen?
Was halte ich für mich in dieser Situation für richtig?

Danach formuliert man einen Vorsatz, der die Eigenperson verstärkt, die Selbstbewertung unterstützt und das eigene zukünftige Handeln bestimmt. Durch die Besinnung auf die eigene Person und die eigene Beurteilung wird man unabhängiger von der Anerkennung anderer. Es geht einem wieder besser, man kann wieder tätig werden und blickt ähnlichen zukünftigen Situationen gelassener entgegen.

Beispiel: Ich grüße einen Nachbarn immer höflich, plötzlich schneidet er mich.

Vorsatz: *Der Nachbar ist mir gleich,*
ich blicke geradeaus.

Oder: *Ich grüße Nachbarn höflich.*
Reaktion gleichgültig.

Beispiel: Ich werde im Gespräch dauernd unterbrochen.

Vorsatz: *Gespräch gleichgültig,*
ich suche nach anderen Partnern.

Oder: *Der Inhalt ist mir wichtig,*
ich setze mich durch und rede gelassen weiter.

Beispiel: Ich habe einen aufwendigen Salat für meine Familie zubereitet, niemand bemerkt es und lobt mich.

Vorsatz: *Reaktion ist mir gleichgültig.*
Ich will meine Familie gesund ernähren.

Oder: *Ich koche einfach.*
Meine Zeit ist mir kostbar.

Oder: *Ich mache auf meine Mühe aufmerksam.*

Es kann nun aber auch sein, daß man von einem anderen Menschen gekränkt wird, weil man eine ganz offene Ablehnung spürt. Man wird kritisiert in einer Weise, die man als ungerecht empfindet und die offensichtlich demjenigen guttut, der einen fertigmachen will, und die dessen Selbstbewußtsein stärkt. Hier hat man es mit aggressiver Kritik zu tun, die sehr verletzen kann. Man fühlt sich, als ob man mit dem Kopf unter Wasser getaucht wird, es bleibt einem keine Luft zum Atmen, man fürchtet zu ersticken. Es geht hier nicht um eine angemessene, sachlich begründete Kritik, sondern um eine bedrohliche Auseinandersetzung. Die Kritik wird so negativ vorgebracht, daß man den berechtigten Kern daran nicht sehen kann. Man spürt, daß der andere nach Schwachpunkten sucht, wo er einen treffen und empfindlich verletzen kann. Dies ist eine Kampfsituation. Oft kommt man völlig unvermittelt in eine solche Lage, man fürchtet nichts Böses, da trifft einen ein Schlag aus dem Hinterhalt.

Eine anerzogene und falsche Reaktion besonders nahestehenden Personen gegenüber ist die, daß man die Situation sofort dadurch zu entschärfen sucht, daß man sich sagt: »Er oder sie hat es ja gar nicht so böse gemeint«, oder: »Es geht ihm oder ihr heute nicht gut«, oder noch schlimmer: »Sie wollen nur mein Bestes.« Sie wollen im Augenblick der aggressiven Auseinandersetzung überhaupt nicht nur unser Bestes, sondern sie wollen sich selbst durchsetzen oder abreagieren, indem sie uns verletzen, und diese Erkenntnis muß man bei sich zulassen. Entschuldigungen des anderen mögen im Rückblick als Erklärungen Verwendung finden, in der Kampfsituation selbst haben sie keinen Platz, sie schwächen uns und vernebeln den Blick. Gerade in der Auseinandersetzung ist der klare Blick und der kühle Kopf aber ganz besonders wichtig, damit man sich nicht zu Reaktionen hinreißen läßt, die einem hinterher leid tun. Andererseits muß man aber auch die eigene Person schützen, wie es unbedingt notwendig ist.

Wenn man sich angegriffen fühlt, muß man das Autogene Training sofort mit seiner Ruheformel einsetzen:

Ich bleibe ganz ruhig.

In diesem momentanen Rückzug muß man für den Augenblick eine Entscheidung treffen, nur für das Hier und Jetzt: Will ich Kampf oder Flucht wählen, fight or flight?

Die Antwort auf diese Frage kann während einer Auseinandersetzung verschieden ausfallen, man muß sie sich immer wieder stellen.

Aus der Beantwortung dieser Frage ergibt sich eine momentane eindeutige Antwort, der Vorsatz lautet entweder:

Kampf: *Ich setze mich durch.*
Ich wehre mich.
Ich bestehe auf meinem Recht.
Ich will siegen.
Ich warte auf den günstigen Moment.

Flucht: *Die Worte des anderen sind mir gleichgültig.*
Ich höre nicht hin.
Ich bleibe gelassen, das Gewitter vergeht.
Ich gehe fort.

Auch humorvolle Vorsätze können sehr entlasten:

Rutsch mir doch den Buckel runter.
Ich stelle auf Durchzug.
Zum einen Ohr rein, zum andern Ohr raus.
Ich nehme es auf die leichte Schulter.

Durch diese Haltung, die durch die Vorsätze des Autogenen Trainings verstärkt wird, kommt man aus dem Gefühl des Ausgeliefertseins heraus. Auch Flucht, sich innerlich oder äußerlich zurückziehen, ist Handeln. Jedes bewußte Handeln, das auf einer willentlichen Entscheidung beruht, vermehrt die eigene Erfahrung und trägt dazu bei, daß man auch widrige Situationen, in denen man sich unterlegen fühlt, in einer solchen Weise gestalten kann, daß man selbst ein Stück Handlungsfreiheit und dadurch Befriedigung behält. Die passive Aussichtslosigkeit ist durch eine aktive Strategie ersetzt worden. Erst wenn man mit sich selbst in dieser Weise umgeht, kann man auch den anderen eher verstehen und entschuldigen, man kann eine »Entgleisung« eher vergessen, weil man die eigene Person nicht mehr dadurch gefährdet sieht. Das Zusammenleben verbessert sich.

Die Frage, wie man an der eigenen Person arbeiten kann, um weniger empfindlich auf Kränkung und Kritik zu reagieren, wird im Kapitel »Selbstvertrauen stärken« behandelt.

Unsicherheit und Sorgen

Unsicherheit und Sorgen lösen die bekannten Streßsymptome aus: die hektische, rastlose Aktivität, Konzentrationsmangel, Ängste und Schlafstörungen. Sie erzeugen körperliche Symptome: legen sich auf den Magen, liegen auf dem Herzen, machen einem den Kopf voll, verschlagen einem den Atem und sind oft der Einstieg zu Alkohol- oder Medikamentenmißbrauch.

Ich möchte dieses Thema unter zwei Aspekten behandeln, weil die Anwendung des Autogenen Trainings jeweils verschieden aussieht. Ich werde zuerst Unsicherheit und Sorgen der eigenen Person gegenüber betrachten, die bedingt beeinflußbar sind, und daran anschließend Unsicherheit und Sorgen den unvorhersehbaren, schicksalhaften Ereignissen gegenüber, die weitgehend unbeeinflußbar sind.

Unsicherheit und Sorgen der eigenen Person gegenüber

Jeder hat Bereiche, in denen er sich unsicher fühlt, wo seine schwachen Stellen liegen. An diesen Stellen erlebt man deswegen so viel Unsicherheit, weil man sich vor Verlust von Ansehen und Achtung fürchtet. Das eigene Selbstbild ist gefährdet. Man möchte nach außen anders wirken, als man sich innerlich fühlt, denn man fühlt sich unterlegen, minderwertig und unsicher. Minderwertigkeitsgefühle sind rein subjektiv, sie beruhen auf einem negativen Selbstbild, und es spielt dabei keine Rolle, ob das Fremdbild positiv ist oder negativ. Von außen kommende beruhigende, positive Argumente können dagegen nichts ausrichten. Man ist pessimistisch und von Selbstkritik gequält. Denn es geht nicht um einen objektiven Vergleich mit anderen, sondern es geht um ein rein persönliches, subjektives Gefühl. Dies sagt einem, daß man in einer bestimmten Sache zu einem bestimmten Zeitpunkt in einem bestimmten Vergleichsmerkmal schlecht abschneidet. Alle anderen Gesichtspunkte sind in diesem Moment gleichgültig. Man ist völlig auf sich selbst und seine eigene Unsicherheit fixiert. Man sitzt in einem Loch und starrt auf die eigenen Minuspunkte.

Unsicherheit erwächst meist aus der Erfahrung, daß man ein Ziel nicht erreicht, man hat es noch nie erreicht, man wird es auch nie erreichen. Aus den negativen Erfahrungen sind Lernbarrieren entstanden, die wir verinnerlicht haben und die uns hindern. Man stellt sich sein Versagen deutlich vor, und das Verhalten wird unbewußt von diesen Vorstellungen des eigenen Ungenügens bestimmt. Diese ängstlichen Gefühle entstehen durch selbstzerstörerische Innenbilder, die dazu neigen, sich auch zu verwirklichen. Sie wirken wie sich selbst erfüllende Prophezeihungen, man spricht von einem vorhersehbaren Transfer von der Vorstellung zur Realität. Negative Vorstellungen von der eigenen Unsicherheit und vom eigenen Versagen setzen sich durch. Dies ist eine Art negatives Autogenes Training.

Sobald man dieses negative Autogene Training bei sich feststellt, muß man sofort einschreiten. Man stellt sich ein riesiges STOP-Schild vor. Dann schwenkt man um zum echten Autogenen Training, man macht eine Übung und findet einen Vorsatz. Dabei lautet der Grundgedanke: Es gibt ein Recht auf Unterschiedlichkeit. Man muß nicht »gleich werden«, um »gleichwertig« zu sein. Das eigene erreichbare Optimum ist entscheidend. Im Vorsatz wird die eigene Möglichkeit positiv bewertet und dadurch die Voraussetzung für eine neue Selbstsicherheit geschaffen. Der Vorsatz muß immer Ich-bezogen sein, um das Ich zu stärken, er muß eine kleine, erreichbare, reale Aufgabe zum Ziel haben.

Beispiel: Ich habe keine so gute Figur wie die anderen: STOP!

Vorsatz: *Ich bleibe ganz ruhig.*
Ich kleide mich so günstig wie möglich.
Ich ziehe meine neue Bluse an.

Beispiel: Ich lerne nicht so leicht wie andere: STOP!

Vorsatz: *Ich bleibe ganz ruhig.*
Ich leiste, so gut ich kann.
Ich bearbeite das nächste Kapitel.

Beispiel: Ich kann nicht so schnell arbeiten wie andere: STOP!

Vorsatz: *Ich bleibe ganz ruhig.*
Ich arbeite in meinem eigenen Tempo.

Beispiel: Ich habe weniger Freunde als andere: STOP!

Vorsatz: *Ich bleibe ganz ruhig.*
Ich knüpfe neue Kontakte.
Ich lade jemanden ein.
Ich gehe auf jemanden zu.

Beispiel: Ich fühle mich beim Abschied auf dem Bahnhof so leer: STOP!

Vorsatz: *Ich bleibe ganz ruhig.*
Ich plane eine neue Tätigkeit.
Ich räume zu Hause auf.
Ich schreibe einen Brief.

Unsicherheit und Sorgen bei schicksalhaften Ereignissen

Oft geht es uns deshalb schlecht, weil wir uns nicht nur um uns selbst, sondern um andere Menschen sorgen. Die Sorge ist berechtigt, denn unser aller Leben und auch das Leben unserer Lieben ist begrenzt und gefährdet. Verlust bedroht uns.

Wenn man sich sorgt, fühlt man sich bedrückt und depressiv. Ich spreche hier nicht von den schweren Depressionen, die vom Arzt behandelt werden müssen, sondern von den sogenannten depressiven Verstimmungen, von den täglichen Tiefs, wie wir sie alle hin und wieder erleben. Es liegt uns etwas auf der Seele, Trübsinn und Traurigkeit nehmen uns die Lebensfreude. In solch gedrückter Stimmung neigen wir dazu, schlechte Nachrichten und Erfahrungen zu verallgemeinern und negative Ereignisse und Gefahren auf uns zu beziehen. Wenn wir zum Beispiel das Bild von einem Unfall in der Zeitung sehen, denken wir gleich sorgenvoll, ein lieber Mensch werde in einen Unfall verwickelt werden.

Sorgen betreffen immer ein mögliches oder drohendes negatives Ereignis in der Zukunft, eine Gefahr. Dabei erlebt man schon jetzt das bedrückende Gefühl, das eigentlich erst dem zukünftigen Ereignis zukommt, wenn es wirklich eingetreten ist. Man ist gefangen in seinen sorgenvollen Gedanken, die alle um dieses zukünftige Ereignis kreisen. Die Sorgen werden übermächtig und setzen sich fest. Dies wirkt sich lähmend aus. Durch die Sorgen und negativen Erwartungen wird die Aussicht auf eine positive Lösung wesentlich verringert. Man starrt wie das Kaninchen auf die Schlange, unbeweglich und unsicher. Dabei ist es auch keine Lösung, wenn man versucht, alle Risiken auszuschalten und bei sich und seinen Lieben immer auf »Nummer Sicher« zu gehen. Dadurch verliert das Leben an Qualität, und das setzt durch die damit verbundene Einengung in sich wieder neue Risiken. Wenn man zum Beispiel einem Jugendlichen das Autofahren aus Sorge vor einem Unfall verbietet, wächst die Gefahr, weil er dann ungeübt bleibt oder heimlich fährt.

Körperliches Kennzeichen für die Sorgen ist immer eine starke innere Verspanntheit und Unruhe. Sie läßt sich nicht einfach wegtrainieren. Deshalb verwendet man auf geistiger, seelischer und körperlicher Ebene zuerst den »provozierten Kontrast«, das heißt, um aus der Spannung herauszukommen, verstärkt man die Spannung. Man verstärkt die Sorge, indem man bewußt den Gedanken an das zuläßt, was man unbewußt sowieso befürchtet, den man bis jetzt vermieden hat:

Was ist das Allerschlimmste, was passieren kann?

Dazu spannt man körperlich stark an. Nur indem man über das negative Gefühl nachdenkt, kann man es überwinden. Durch die Steigerung der Sorgen und ihrer möglichen Konsequenzen kann man der Realität ins Auge sehen. Dies bedeutet sowohl, daß man statt des unbestimmten Gefühls klare Einsichten und Methoden zum Umgang mit der Bedrohung erarbeiten kann, als auch, daß man Vorsorge treffen kann, um das Schlimmste nach Möglichkeit zu verhindern. Man kann tätig werden. Die Vorsorge schränkt die Sorge ein, man wird wieder handlungsfähig. Während die allgemeine Sorge um zukünftige Dinge meist sinnlos ist, ist es sinnvoll, sich auf bestimmte zukünftige Ereignisse vorzubereiten.

Die Vorsätze müssen immer beginnen:

Ich bleibe ganz ruhig.

Dann folgt eine Formulierung zum Tun, die die Vorsorge betrifft, und dann folgt als Drittes ein Satz, der der eigenen Weltanschauung entspricht, zum Beispiel:

Ich vertraue Gott.
Ich fühle mich geborgen.
Mein Weg ist geführt.
Ich bin dankbar für das Heute.
Ich akzeptiere mein Schicksal.

Beispiel: Ich mache mir Sorgen und fühle mich unsicher, weil ich eine Prüfung habe.
Schlimmste Befürchtung: Ich falle durch.

Vorsatz: Vorsorge: *Ich lerne fleißig.*
Ich arbeite, so gut ich kann.

Innere Einstellung: *Ich nehme es hin, wie es kommt.*
Ich habe Vertrauen.
Gott führt mich.

Beispiel: Ich mache mir Sorgen, weil mein Kind mit dem Fahrrad fährt.
   Schlimmste Befürchtung: Es verunglückt tödlich.

Vorsatz: Vorsorge: *Ich erkläre die Verkehrsregeln.*
   Ich kontrolliere die Bremsen.
   Ich bespreche den Weg.

Innere Einstellung: *Mein Kind hat ein Recht auf eigene Erfahrungen.*
   Unabhängigkeit ist wichtig.
   Sein Leben liegt in Gottes Hand.

Beispiel: Ich fühle mich unsicher und mache mir Sorgen, weil ich bei mir Krankheitszeichen feststelle.
   Schlimmste Befürchtung: Ich habe eine bösartige Krankheit.

Vorsatz: Vorsorge: *Ich gehe zum Arzt.*
   Ich erkundige mich.

Innere Einstellung: *Ich akzeptiere mein Schicksal.*
   Ich tue alles, was möglich ist.
   Ich stelle mich um.
   Ich habe Vertrauen.

Durch diese Selbstbesinnung erhalten Unsicherheit und Sorgen ihren angemessenen Platz. Sie sind begründet und sinnvoll, damit man Vorsorge treffen kann. Aber sie sind zugleich auch nur Begleitumstände unseres Lebensweges, den wir nur ein Stück weit selbst in der Hand haben. Sie sollen sich jedenfalls nicht mehr festsetzen und sollen uns nicht den heutigen guten Tag verderben.
   Dieses Thema wird vertieft im Kapitel »Selbstvertrauen«.

Belastende Lebenssituationen und Krisen

Wenn man sich in einer belastenden Lebenssituation befindet, sind alle Kräfte angespannt und oft überstrapaziert. Die eigenen Reserven werden aufgebraucht. Man steht unter starkem Streß. Vielfältige Symptome treten auf: Man [...] it bleiben. Man schläft [...] man sich so erschöpft [...] n geplagt und ist stim- [...] »wie ein rohes Ei«. Oft [...] r einzige Ausweg, und [...] werden. Man kann die [...] in der eigenen Lebenssi- [...] en einfachen Ausweg. [...] onen gibt es bei jedem [...] en sich nicht umgehen, [...] sind. So wie man das [...] Schatten wahr. Ob und [...] chatten ausliefern muß und wie man gegebenenfalls damit leben kann, ist das Thema dieses Kapitels.

Das, was man befürchtet hat, als man sich Sorgen machte, ist eingetreten, das Schlimme ist im eigenen Leben Wirklichkeit geworden. Die Belastung muß als tägliche Last ertragen und kann nicht abgeschüttelt werden.

Der Zustand der Belastung kann sich durch die Länge der Zeit, die er anhält, oder durch eine Verschärfung der Situation oder durch den Schock eines dazukommenden plötzlichen Ereignisses zur Krise steigern. Die belastenden Lebenssituationen können Krisen auslösen, oder im Zusammenhang mit einer Krise kann sich eine belastende Lebenssituation entwickeln. Immer ist man zutiefst betroffen und überlastet.

Krisen entstehen durch eine Veränderung in einem Bereich, der für diesen Menschen lebenswichtig ist, der zu seinem sicheren Untergrund gehört, und sie bedeuten daher immer einen schwerwiegenden Einschnitt. Oft ist der Auslöser für eine Krise ganz offensichtlich und für jeden von außen erkennbar und vorhersehbar, manchmal ist der Auslöser aber auch ganz unscheinbar, objektiv gesehen ganz unbedeutend, für diesen besonderen Menschen aber schwerwiegend genug, um eine Krise heraufzubeschwören. Es ist eine Belastung, der er sich nicht gewachsen fühlt. Es entsteht das Gefühl: Das halte ich nicht aus, das ist zu viel für mich. Weitere Gefühle sind Verzweiflung, Aufregung, Ärger, Trauer, Schmerz und vor allem Ohnmacht. Man fühlt sich so ohnmächtig, weil man an der Situation nichts ändern kann. Die Krise erscheint unerträglich. Man fühlt sich der Krise nicht gewachsen.

Verschiedene Menschen reagieren körperlich ganz verschieden. Der eine ist überaktiv und von Unruhe getrieben, der andere liegt tatenlos im Bett. Der eine redet pausenlos, dem anderen verschlägt es die Sprache, er verstummt, er ist wie versteinert. Der eine ißt pausenlos, der andere bringt keinen Bissen hinunter. Die äußere Reaktion ist also kein Anhalt dafür, wie stark der Mensch innerlich wirklich betroffen ist.

Krisen verhelfen oft zur Ent-täuschung, zur Aufhebung der Täuschung gegenüber sich selbst und anderen. Die Täuschung hört auf, und man erkennt klar, was einem wirklich wichtig ist, worauf man sich wirklich verlassen kann, wer wirklich ein Freund ist und einen versteht, welcher religiöse Grund wirklich trägt.

Krisen sind immer gefährlich, denn sie können beim Menschen zu Zusammenbruch, Selbstaufgabe und Tod führen. Krisen bedeuten aber immer auch »neue Möglichkeit«. Der alte Lebensplan kann auf einem Gebiet nicht mehr fortgesetzt werden, denn die Krise hat einen Schlußpunkt gesetzt. Ein Stück Weg ist abgeschlossen, wie sehr man sich auch wünscht, daß es anders sei. Dies muß man vor sich zulassen. Es wird nie mehr genauso sein wie vor der Krise. Denn Krisen sind Wendepunkte, etwas Wesentliches hat sich geändert, eine neue Situation ist eingetreten. Dadurch, daß ein Weg versperrt ist, ist man gezwungen, nach neuen gangbaren Wegen zu suchen und nach neuen eigenen Möglichkeiten.

Einer Krise steht man immer weitgehend hilflos gegenüber, und auch die Selbsthilfe durch das Autogene Training kann nur begrenzt wirken. Man braucht oft darüber hinaus die Hilfe eines Seelsorgers oder Therapeuten. Ziel des Autogenen Trainings in der Belastungs- und Krisensituation muß immer sein, das Durchhaltevermögen zu stärken, die Belastbarkeit für den Moment zu erhöhen. Da man in seinen Gefühlen und Bedürfnissen stark schwankt, fragt man sich zuerst: Was würde mir jetzt guttun? Sehnt man sich nach Ruhe, nach Erholung, nach Pause, so macht man eine ausgedehnte Übung in einer möglichst entspannten Körperhaltung.

Vorsatz: *Ich erhole mich im Autogenen Training.*
Ich sammle Kräfte.
Ich halte durch.
Ich schaffe es.

Diese lange Übung macht man häufig, wenn es einem möglich ist, damit man nicht in die totale Erschöpfung abgleitet. Man hält inne, man stellt die Last kurzfristig ab, um langfristig besser durchhalten zu können.

Wenn man jedoch sehr unruhig ist und Not, Schmerz und Enttäuschung sich in der Ruhe noch verstärken, so verwendet man nur die Teilentspannung, indem man den Schulter-Nacken-Bereich entspannt und die Kurzübung mit einem Vorsatz durchführt. Diese Übungen streut man möglichst häufig am Tag kurzfristig ein, um den Alltag mit seinen unverminderten Anforderungen besser durchzustehen.

Der Vorsatz in Belastungssituationen und Krisen muß immer doppelgliedrig sein. Ziel ist es, die Gefahr zu mindern und die eigenen Möglichkeiten zu stärken. Da die Gefühle stark schwanken, darf der Inhalt des Vorsatzes nur ganz kurzfristig sein, denn das, was einem jetzt gut scheint, verwirft man vielleicht bald darauf schon wieder. Das eigene Bedürfnis schwankt. Deshalb darf nichts endgültig festgelegt werden, sondern es wird nur der nächste kleine Schritt verstärkt, die Vorsätze betreffen nur das ganz simple, momentane begrenzte Tun, das zugleich entlastet und die eigene Handlungsbereitschaft stärkt.

Beispiel für Belastungssituation und Krise:
Ich betreue einen langzeitkranken Menschen.
Ich werde nachts ständig durch einen unruhigen Säugling gestört.
Ich erkranke an einer bedrohlichen Krankheit.
Ich verliere den Arbeitsplatz.
Ich falle durch die Prüfung.
Mein Partner trennt sich von mir.
Ich verliere einen nahestehenden Menschen durch den Tod.

1. Teil: Vorsätze, die die Gefahr mindern:

Ich halte durch.
Ich schaffe den heutigen Tag.
Ich will jetzt ruhig bleiben.
Ich lebe im Jetzt.
Ich handle zuversichtlich.
Gott gibt mir die Kraft.
Gebet stärkt mich.
Gott hilft mir.

2. Teil: Vorsätze, die die neuen Möglichkeiten verstärken:

Ich tue es.
Ich telefoniere.
Ich suche ein helfendes Gespräch.
Ich schreibe einen Brief.
Ich erkundige mich.
Ich schaffe den Spaziergang.

Ich kaufe ein.
Ich werde wieder frei und froh.
Alles löst sich.

Durch diese Vorsätze hört man auf, sich nur tatenlos selbst zu bemitleiden, im Bild gesprochen: »Über vergossene Milch zu weinen«. Dadurch, daß man aktiv wird, beginnt man die Situation ein Stück weit zu akzeptieren und die lähmende Schau nach innen zu beenden. Dadurch wird man motiviert, sich konstruktiv mit den Belastungen und Krisen auseinanderzusetzen, und die Aussicht wird erhöht, daß sie nicht im Zusammenbruch, sondern in einer neuen Lebenschance enden.

Dieses Thema wird in den folgenden Kapiteln weiter ausgeführt.

Das Autogene Training bei der Neuorientierung im Alltag

Wenn man durch die Anwendung des Autogenen Trainings den täglichen Streß besser regulieren kann, wenn man die Ursachen des Streß besser durchschaut und daher zum Teil beheben kann, erlebt man nicht nur eine Linderung akuter Beschwerden, sondern man gewinnt ein zunehmendes inneres Gleichgewicht. Die täglichen Aufgaben werden in einer gleichmäßigeren, harmonischen Haltung verrichtet, denn ein Teil der unbewältigten Probleme wurde gelöst. Man hat durch das Autogene Training Abstand zu den eigenen Schwierigkeiten und Konflikten gewonnen, eine Haltungsänderung hat sich angebahnt, neue Einsichten ermöglichten neue Erfahrungen.

Nun kann man sich überlegen, wie man produktiv und schöpferisch mit den frei gewordenen Kräften umgeht.

Neue Möglichkeiten eröffnen sich, neue Ziele können erreicht werden, die Leistungsfähigkeit kann verbessert werden, und ein verstärktes Selbstvertrauen kann dem Leben neue Spontaneität und Freude verleihen. Der Weg nach vorne öffnet sich, neues Erleben wird möglich.

Neue Ziele festlegen

Oft fühlt man sich durch seine Lebenssituation eingeengt. Man hat sich in einer bestimmten Richtung bewegt, die einem zu einem früheren Zeitpunkt gut vorkam. Plötzlich ist man darüber bedrückt, daß man festgelegt ist und die Richtung nicht mehr ohne weiteres ändern kann. Man spürt ein Gefühl von Aussichtslosigkeit. Man gibt sich selbst die Schuld daran, weil man aus Unwissenheit und Unklugheit oder Naivität oder Trotz diese Richtung eingeschlagen oder zu lange daran festgehalten hat, oder man beschuldigt andere, weil sie einen in diese Richtung gedrängt haben. Man bemitleidet sich selbst. Es kann sich dabei um Alltagssituationen handeln oder auch um schwerwiegende Lebenssituationen. Gemeinsam ist ihnen das Gefühl: Ich bin auf einem falschen Weg und muß nun so weitermachen, ich muß es büßen und die Konsequenzen tragen, wer A sagt, muß auch B sagen.

Manchmal merkt man sehr rasch, daß eine bestimmte Richtung falsch ist. Oft stolpert man aber lange Zeit mehr oder weniger gut seinen Weg entlang, ohne daß einem viel auffällt. Man fühlt sich zwar nicht besonders wohl, aber man laviert sich durch, man geht immer weiter, Tag um Tag, ohne zu überprüfen, ob der Weg überhaupt noch zum ersehnten Ziel führt. Man verbraucht viel Kraft, weil man den beunruhigenden Gedanken verdrängt, der Weg könnte falsch sein, oder das Ziel könnte sich geändert haben. Rastlose Aktivität und Getriebensein sind dann oft eine Form des Ausweichens, um nicht innehalten und sich Rechenschaft über den Weg geben zu müssen. Man vermeidet die Pause und damit die Entscheidung.

Nun ist aber das Sonderbare, daß es hierbei gar kein Vermeiden gibt, denn keine Entscheidung ist auch eine Entscheidung. Wenn man heute so weitermacht, wie man es gestern getan hat, so bedeutet dies, daß man sich für eine Beibehaltung der Richtung entschieden hat, sei es nun bewußt oder unbewußt. Viele Bereiche des Lebens erfordern auch gar nicht ein ständig neues Überdenken, denn alles läuft gut. Bei einer Wanderung muß man sich nicht dauernd über Weg und Ziel vergewissern. Wenn einem aber Bedenken kommen, wenn man beunruhigt ist, wenn eine Situation oder ein Verhaltensmuster plötzlich zum Problem wird, dann muß man haltmachen und sich neu orientieren. Man kommt an einen Punkt, an dem man prüfen muß, ob man wirklich auf dem eingeschlagenen Weg weitergehen will, oder ob sich inzwischen herausgestellt hat, daß dieser Weg für einen selbst falsch war oder zumindest jetzt falsch ist. Man erkennt, daß sich die Voraussetzungen oder die eigenen Bedürfnisse geändert haben. Manchmal muß gar nicht die Wegrichtung geändert werden, manchmal geht es nur darum, Lasten zu vermindern und Gepäck zurückzulassen, wenn man sich zuviel zugemutet hat, oder zusätzliche Belastungen auf sich zu nehmen, wenn man unterfordert ist und überschüssige Kräfte spürt. Wer A sagt, muß nicht auch B sagen, er kann auch erkennen, daß der neuen Lage entsprechend A falsch war. Man muß nicht unter allen Umständen konsequent sein und alles beim alten lassen, man kann die Erfahrung machen, daß man stets einen – wenn auch noch so kleinen – Spielraum für eine Wahl und damit für eine Neuentscheidung hat.

Oft fällt einem die praktische Durchführung einer Änderung deswegen so schwer, weil man in das objektiv »verpatzte« Projekt bereits so viel Aufwendungen hineingesteckt hat. Es reut einen, es aufzugeben oder zuzugeben, daß man sich geirrt hat, und man steckt lieber noch weitere

Anstrengungen hinein, als sich einzugestehen, daß es sinnlos ist. Auch die Umwelt erwartet Stetigkeit und Berechenbarkeit, sie erwartet, daß alles immer gleich bleibt, sie wird durch Veränderungen verunsichert. Ihre Reaktion ist unberechenbar, sei es Zustimmung oder Ablehnung, oft ist sie weder einheitlich noch gleichbleibend. Häufig sind nahestehende Personen, die im eigenen Leben wirklich wichtig sind, aber erleichtert, wenn die Starrheit einer größeren Flexibilität weicht.

Die Reaktionen von anderen Menschen dürfen jedoch nicht zur alleinigen Grundlage für die eigenen Entscheidungen gemacht werden, auch wenn die Betroffenheit anderer ein wichtiger Faktor bei der Entscheidungsfindung ist. Letztlich ist jeder Mensch für sein eigenes Leben verantwortlich, das er seinen eigenen Wertvorstellungen entsprechend gestalten muß. Nur das, was mit den eigenen Werten vereinbar ist, kann auch von der ganzen Person bejaht werden.

In der Ruhe einer ausgedehnten autogenen Übung geht man in drei Schritten vor.

1. Ziel: Man fragt nach dem eigenen Ziel.
»Was will ich denn eigentlich wirklich erreichen?«
2. Erkenntnis: Man konfrontiert dieses Ziel mit der eigenen rationalen Erkenntnis und den eigenen Wertvorstellungen.
3. Vorsatz: Man trifft eine Entscheidung und formuliert einen Vorsatz.

Die Vorsätze werden nicht ein für allemal gefaßt, sondern für hier und jetzt, so daß der nun eingeschlagene Weg erneut korrigiert werden kann, falls sich die Erkenntnisse und Voraussetzungen ändern.

Beispiel: Ich mache eine Bergtour. Nach einem anstrengenden Aufstieg stelle ich fest, daß der Weg nicht zu dem erstrebten Berg führt.

Das Autogene Training bei der Neuorientierung im Alltag 101

a) Ziel: *Aussicht auf jenem Berg genießen.*

Erkenntnis: *Heute ist das nicht möglich, es ist schon zu spät geworden, es sei denn, ich schlage eine unbekannte, riskante Route ein.*
Vorsatz: *Ich kehre um,*
morgen neuer Versuch.

b) Ziel: *Körperliche Ertüchtigung.*

Erkenntnis: *Eigentlich erfüllt ein anderer Weg auch den Zweck.*
Vorsatz: *Ich wandere weiter.*
Die Bewegung macht Spaß.
Ich genieße die Tour.

Beispiel: Ich studiere ein Fach und stelle an Hand einer schlechten Klausur fest, daß mir das Studium schwerfällt.

a) Ziel: *Ich möchte unbedingt das Studium schaffen, um den gewählten Beruf zu erreichen.*

Erkenntnis: *Ich muß mehr arbeiten.*
Ich besuche eine Fördergruppe.
Ich verzichte auf Ablenkung.
Vorsatz: *Ich halte durch.*
Ich leiste, so gut ich kann.
Ich erreiche mein Ziel.

b) Ziel: *Vielleicht wäre ich einem anderen Studium und Beruf besser gewachsen.*

Erkenntnis: *Ich muß die Situation abklären.*
Vorsatz: *Ich mache einen weiteren Versuch.*
Ich erkunde die Möglichkeiten.
Ich bleibe offen.
Ich spüre, was für mich richtig ist.
Ich finde meinen Weg.

Beispiel: Ich habe den Verdacht, daß meine Frau mich betrügt.

a) Ziel: *Ich möchte die Ehe aufrechterhalten.*

Erkenntnis: *Ich liebe diesen Menschen.*
Die Ehe ist mir wichtig.
Meine Kinder brauchen die Mutter.

Vorsatz: *Ich suche Beratung.*
Ich bespreche das Problem.
Wir machen Urlaub.
Ich zeige meine Zuneigung.

b) Ziel: *Ich möchte diese Ehe beenden.*

Erkenntnis: *Wir streiten oft und haben wenig gemeinsame Interessen.*
Die Kinder sind groß und unabhängig.
Wir sind uns schon lange innerlich entfremdet.

Vorsatz: *Ich kläre die Situation.*
Ich höre den anderen.
Ich habe Mut.
Ich wage den nächsten Schritt.

Beispiel: Meine heranwachsenden Kinder lehnen sich gegen etwas in meiner Erziehung auf.

a) Ziel: *In dieser Sache muß in meinem Haus Ordnung herrschen.*

Erkenntnis: *Ich bin verantwortlich dafür, daß die Kinder gewisse Grenzen einhalten und daraus lernen.*

Vorsatz: *Ich erkläre meinen Standpunkt.*
Ich setze mich durch.
Ich verlange ein Minimum.
Ich bin freundlich und bestimmt.

b) Ziel: *Die Kinder sollen sich in meinem Haus möglichst wohl fühlen.*
Erkenntnis: *Grenzen sind zwar wichtig, aber in diesem Fall ist das Wohlbefinden wichtiger.*
Vorsatz: *Ich gebe nach.*
Ich rede später.
Ich höre gut zu.
Ich zeige Verständnis.
Ich bin großzügig.

Beispiel: Ich fühle mich in meinem Beruf unausgefüllt, denn vieles ist inzwischen für mich zur Routine geworden.

a) Ziel: *Ich suche eine andere Stelle.*
Erkenntnis: *Das ist in meinem Alter schwierig.*
Es gibt wenig Stellen.
Ich sehne mich nach Veränderung.
Vorsatz: *Ich höre mich um.*
Ich suche Möglichkeiten.
Ich werde aktiv.

b) Ziel: *Ich will in meiner Stelle bleiben,*
ich werde dort gebraucht.
Erkenntnis: *Ich habe überschüssige Kräfte,*
ich sehne mich nach mehr Erfüllung.
Vorsatz: *Ich suche nach Aufgaben.*
Ich helfe anderen.
Ich setze mich ein.
Ich pflege ein Hobby.

Durch die Anwendung des Autogenen Trainings erfährt man beglückend, daß durch kleine und große Neuentscheidungen mehr Änderung der Lebensumstände möglich ist, als man ahnte. Das Autogene Training ist eine Möglichkeit, Wege zu korrigieren und veränderte Wege bewußt und mit mehr Mut und Spontaneität zu gehen. Dadurch lebt man aktiver, reizvoller und mit mehr Lebensfreude.

Leistungsfähigkeit erhöhen

Häufig erstrebt man eine erhöhte Leistungsfähigkeit, um ein bestimmtes Ziel zu erreichen. Dieses Ziel kann in den verschiedenen Lebensgebieten liegen, im Umgang mit der eigenen Person oder mit anderen Menschen, im körperlichen oder geistigen Bereich.

Die Leistung wird immer dann verbessert, wenn Störungen vermindert werden. Man kann das Autogene Training dazu verwenden, Störungen auszuschalten oder die Störanfälligkeit herabzusetzen. Ein lockeres, entspanntes Verhalten führt zu optimalen Leistungsergebnissen, weil man sich dabei auf ein Zentrum hin sammeln kann, Fehler im Lebensstil erkennt und in der Ruhe Fehlhaltungen und Fehlleistungen korrigieren kann. Bei hektischer, überengagierter Anspannung dagegen unterlaufen einem überdurchschnittlich viele Fehler.

Die Konzentrationsfähigkeit auf die Leistung nimmt mit steigendem Grad der Entspannung und Gelassenheit zu. Statistisch ist erwiesen, daß sich die Prüfungsergebnisse mit dem Autogenen Training verbessern. Dabei wird der Zirkel von ängstlicher Erwartung und einer dadurch reproduzierten Wiederholung negativer Lernvorgänge rückgängig gemacht. Dies ist so wichtig, weil Fehler besonders oft durch Versagensangst hervorgerufen werden, die ihren Grund darin hat, daß man in derselben Situation früher schon einmal schlechte Erfahrungen gemacht hat oder daß die Situation ungewohnt ist. Durch das Autogene Training kann man sich ruhigstellen, auch wenn der emotionale Rückhalt durch eine gemachte positive Erfahrung fehlt. Man kann den Einsatz der Kräfte systematisch planen und dadurch rationeller mit ihnen umgehen.

Wenn man nun beginnen will, die Leistung auf einem Gebiet praktisch zu verbessern, so wird man mit dem Gesetz der Trägheit konfrontiert, das jeder Veränderung entgegensteht. Wenn der Mensch in einer bestimmten Lebenssituation wiederholt eine bestimmte Verhaltensweise gewählt hat, so wird er sich in einer ähnlichen Situation wahrscheinlich wieder genauso verhalten. Nur wenn man wirklich motiviert ist, kann man Gewohnheiten ändern, dagegen reichen allgemeines Interesse und verstandesmäßige Einsicht allein nicht aus. Denn die heutigen Gewohnheiten sind erworben worden, indem man sie lange Zeit eingeübt hat. Eine totale Umkehr bisheriger Gewohnheiten und Verhaltensweisen ist weder möglich noch erstrebenswert, denn unser Leben im Alltag ist geregelt durch viele und vielfältige Gewohnheiten. Und das ist gut so, denn dadurch wird der Ablauf der Zeit und des Tages strukturiert und vereinfacht, man muß sich nicht ständig alles neu überlegen und alles neu ausprobieren und neu entscheiden. Die meisten Gewohnheiten sind auch lange erprobt, bewährt und passen zu uns, sie sind Teil unserer Person geworden. Sie stammen oft aus unserer Herkunftsfamilie, aus unserem gesellschaftlichen Umfeld und sind uns ganz selbstverständlich. Diese Verhaltensmuster sind erlernt und habitualisiert, und sie sind über lange Zeit eingeschliffen worden.

Um aber auf einem Gebiet Besseres leisten zu können, muß man oft eingefahrene Gewohnheiten ändern. Dabei stellt man mit Erstaunen fest, wie stark bei einem selbst das Beharrungsvermögen ist und wie wenig der Wille dagegen vermag. Deshalb schwankt man zwischen der Hoffnung auf eine Verbesserung und der befürchteten Aussichtslosigkeit. Es ist wichtig, daß die Zielsetzung eindeutig ist, denn man kann nicht die alte Gewohnheit aufgeben, sie aber gleichzeitig noch ein bißchen weiter behalten.

Bevor man einen Vorsatz zur Leistungssteigerung formulieren kann, klärt man in der Ruhe einer autogenen Übung die Situation ab. Man stellt sich die eigene Person mit der alten Gewohnheit und mit der neuen, ungewohnten Verhaltensweise vor und spürt dabei, ob die Veränderung überhaupt zur eigenen Person passen würde und ob sie ein echtes Bedürfnis ist und vorstellbar erscheint. Wenn sie wesensfremd ist, kann man sie innerlich nicht akzeptieren. Wenn sie jedoch der eigenen Person entspricht, kann sie zwar nicht durch einen einmaligen Entschluß, aber Schritt für Schritt mit dem Autogenen Training geändert werden. Es ist ein Prozeß langsamen Umlernens. Deshalb darf man nicht enttäuscht sein, wenn die Umstellung nicht auf Anhieb gelingt.

Man kann aber die Rückfallgefahr vermindern, wenn man die Übungskette des Autogenen Trainings verwendet. In der Ruhe stellt man sich dabei das eigene Handeln abgewandelt und probeweise vor, so wie der Ablauf befriedigen würde. Man entwirft ein Bild von dem eigenen, neuen Verhalten und knüpft an dieses Bild immer den gleichen Vorsatz, der die neue Verhaltensweise verstärkt. Dann führt man die Handlung durch und stellt sich die nächste kritische Situation erneut in der Ruhe vor. So kann man die unerwünschten Ausbruchsversuche vermindern und dadurch zu einer stetig verbesserten Leistung kommen. Besonders von Hochleistungssportlern ist bekannt, daß sie diese Methode zusätzlich zum realen Training systematisch verwenden. Sie üben die neuen Gewohnheiten, die sie annehmen wollen, auf diese Weise so lange zielbewußt ein, bis sie ihnen keine Anstrengung mehr bedeuten, sondern zum Bedürfnis geworden sind.

Die Vorsätze zur Leistungssteigerung sind zweigliedrig. Sie enthalten einen Teil, der die Leistung verstärkt, und einen zweiten, der die Störungen durch die alten Gewohnheiten vermindert und verharmlost. Die Vorsätze sind zielorientiert und gelten für längere Zeit. Bei jeder autogenen Übung werden sie wiederholt.

Beispiel:
Leistungsziel: Ich möchte abnehmen und schlank aussehen, obwohl ich schon bei mehreren Diäten versagt habe.

Frage zur Eigenperson:
> Paßt Abnehmen zu mir, bin ich wirklich zu dick?

Vorsatz zum Ziel:
> *Ich nehme ab.*

Vorsatz zur Gewohnheit:
> *Ich bin schnell satt.*
> *Ich genieße jeden Bissen.*
> *Ich spüre, wann ich satt bin.*
> *Ich halte durch.*
> *Ich esse langsam.*
> *Schlanksein macht Freude.*
> *Essen ist nicht so wichtig.*

Beispiel:
Leistungsziel: Ich will weniger Alkohol trinken, obwohl ich gesellig bin.
Frage zur Eigenperson:
> Kann ich mir vorstellen, daß ich Sprudel trinke, wenn die andern beim Bier sitzen?

Vorsatz zum Ziel:
> *Ich will gesund bleiben.*

Vorsatz zur Gewohnheit:
> *Den Durst lösche ich mit Sprudel,*
> *Alkohol genieße ich Schluck für Schluck.*
> *Ich trinke bewußt und höre rechtzeitig auf.*

Beispiel:
Leistungsziel: Ich will bei einem Wettkampf im Schnellauf teilnehmen, obwohl ich beim Start Probleme habe.
Frage zur Eigenperson:
> Kann ich mir eine solche Anforderung zutrauen?

Vorsatz zur Leistung:
> *Ich renne, so schnell ich kann.*

Vorsatz zur Gewohnheit:
> *Ich komme gut weg.*
> *Der Start gelingt.*
> *Die Luft reicht.*

Beispiel:
Leistungsziel: Ich will eine Nachtfahrt im Auto machen, obwohl ich abends immer stark ermüde.

Frage zur Eigenperson:
> Bin ich ausgeruht und motiviert genug, um das durchzuhalten?

Vorsatz zur Leistung:
> *Ich fahre sicher und reagiere richtig.*

Vorsatz zur Gewohnheit:
> *Ich bleibe beim Fahren frisch und hellwach.*
> *Ich erhole mich schnell in Pausen mit dem Autogenen Training.*

Beispiel:
Leistungsziel: Ich will in einer Diskussion das Wort ergreifen, obwohl ich schüchtern bin.

Frage zur Eigenperson:
> Kann ich mir vorstellen, wie ich laut und deutlich vor anderen spreche?

Vorsatz zur Leistung:
> *Ich ergreife das Wort.*

Vorsatz zur Gewohnheit:
> *Ich wage es.*
> *Mein Beitrag ist wichtig.*
> *Ich reagiere richtig.*
> *Die Worte fließen.*

Beispiel:
Leistungsziel: Ich will meinem Partner besser zuhören, obwohl ich selbst gern viel rede.
Frage zur Eigenperson:
Kann ich mir vorstellen, daß ich wirklich hören möchte, was der andere sagt?
Vorsatz zur Leistung:
Ich höre zu.
Vorsatz zur Gewohnheit:
Ich rede später.
Ich schweige jetzt.
Ich nehme Anteil.
Der andere ist mir wichtig.
Ich höre auch den anderen Teil.

Tiefes Entspannen führt zu einer Innenschau, die den Erwerb neuer Verhaltensmuster als Möglichkeit erscheinen läßt. In der Hinwendung auf diese Ziele wird eine Verbesserung der Leistungsfähigkeit und damit echte eigene Weiterentwicklung gefördert.

Selbstvertrauen stärken

Das Selbstvertrauen, das man bei sich stärken möchte, ist ein vertrauensvolles Ruhen in der eigenen Person, ein inneres Gleichgewicht. Es ist ein Selbstwertgefühl, das nicht der ständigen Bestätigung durch andere bedarf, sondern in der eigenen Person verankert ist. Es ist eine richtige Einschätzung seiner selbst, ohne daß die eigenen Grenzen als bedrückend empfunden werden.

Jeder Mensch hat bestimmte Idealvorstellungen von der eigenen Person, und er meint häufig, wenn er diese Idealvorstellungen in seinem Leben verwirklichen könnte, würde er selbstverständlich auch Selbstvertrauen erlangen. Diese Haltung orientiert sich an der Perfektion. Ihr liegt ein ganz bestimmtes Denkschema zugrunde, das außerordentlich leistungsorientiert ist. Die Vorstellungen lauten: Leiste, dann mag ich dich. Wenn du dies oder das tust, dann stimme ich dir zu. Wenn du dich änderst, wird alles gut. Streng dich an, gib dein Bestes.

Dahinter steht immer die angedrohte Ablehnung. Diese inneren Aufforderungen stammen meist aus unserer Kindheit. Es sind verinnerlichte Stimmen unserer Vergangenheit, die uns anstacheln und in Panik versetzen. Sie treiben uns oft bewußt vorwärts, meist aber unbewußt. Sie führen dazu, daß das eigene Verhalten stereotyp wird. Streng dich immer und überall an, gib stets dein Bestes. Wenn du nicht dein Letztes gibst, gibst du nicht dein Bestes.

Anstrengung, Verzicht und Einsatz werden erwartet, dies führt zu einer starken Anspannung. Wer immer sein Bestes gibt, steht unter ständigem Druck. Die in Aussicht gestellte Anerkennung, Zuwendung und Liebe wird ihm zwar manchmal auch zuteil, sie steht aber in keinem Verhältnis zu dem Übermaß an Energie, das dafür aufgebracht werden mußte. Außerdem ist diese Form der Zustimmung nicht verläßlich, denn sie orientiert sich am Ideal, das niemand ständig erreichen kann. Das Ideal ist ein Traum, deswegen ist die Anerkennung und ein darauf begründetes Selbstwertgefühl stets gefährdet.

Wenn man in der Ruhe des Autogenen Trainings diese Situation bei sich betrachtet, so wird einem klar, daß die jeweilige Lebenssituation es gar nicht erfordert, daß man immer und überall sein Bestes gibt. Selbstverständlich ist das so in Prüfungssituationen, aber die sind ja im Alltag die Ausnahme. Man erkennt, daß das Ziel, alle Menschen zufriedenzustellen, allen Menschen zu helfen, alle zu beglücken, um dann zum Dank dafür von allen anerkannt und geliebt zu werden, ein unrealistisches Ziel ist. Niemand ist allmächtig, jeder ist irgendwo begrenzt in seinen Kräften und Gaben. Und außerdem reagiert die Umwelt auf unsere Höchstleistungen selten mit der erwarteten Anerkennung und Liebe. Deswegen muß man ein so vermessenes Ziel aufgeben, denn man kann es nie erreichen. Niemand ist aber auch völlig ohnmächtig und unfähig, jeder hat Bereiche, wo seine Gaben liegen. Diese gilt es zu entdecken und zu stärken. Nur indem man seine Grenzen wahrnimmt und anerkennt, kann man beginnen, mit ihnen zu leben oder sie zu verändern und neue Lebensmöglichkeiten für seine eigene Person zu entwickeln. Dies ist die echte Grundlage für das erstrebte Selbstvertrauen.

Um die eigenen Grenzen auf der Gefühlsebene zu erkennen, achtet man auf die überhöhten emotionalen Forderungen und konfrontiert sie in der Ruhe des Autogenen Trainings mit den wirklich wahrgenommenen Gefühlen. Häufig werden von uns eindeutige, klare Gefühle gefordert, die sich immer gleich bleiben, zum Beispiel: »Eine gute Mutter liebt ihr Kind immer.« In Wirklichkeit stellt man aber bei sich fest, daß man seinem Kind gegenüber keineswegs immer nur Gefühle der Liebe hat, sondern daß man oft auch ganz andere, negative Gefühle wie Ärger, Zorn oder Wut empfindet. Ambivalente Gefühle, die sich widersprechen, bestehen nebeneinander. Beides sind im Moment echte Gefühle, die Liebe und der Zorn, sie sind Gegensätze und schließen sich trotzdem nicht aus. Gefühle wechseln stark, und es ist darum wichtig, daß man von sich und anderen nicht eine ständige Eindeutigkeit auf der Gefühlsebene fordert, das wäre nur Starrheit und Selbstbetrug. Das Wahrnehmen der eigenen Grenzen bedeutet auch auf der Gefühlsebene eine Entlastung und ist keine Bedrohung. Wenn man vor sich zuläßt, daß man hier eine Grenze hat, daß man nicht immer nur lieben kann, sondern daneben zeitweise auch Negativgefühle spürt, kann man aufhören, sich deswegen zu verurteilen. Statt dessen geht man bewußt mit dieser Grenze um, die einen oft traurig macht. Man verdrängt sie nicht, sondern sucht im Autogenen Training nach neuen Verhaltensweisen. Das Akzeptieren der eigenen Grenzen bedeutet nicht Resignation, sondern Selbstannahme. Dadurch wird man innerlich ruhiger und kann auch die tief in der eigenen Person begründeten Grenzen von Versagen, Verstrickung und Schuld wahrnehmen. So wie wir es nicht vermeiden können, nahestehenden Menschen gelegentlich weh zu tun, so werden wir immer wieder schuldig, weil wir unsere Möglichkeiten falsch nutzen und weil wir unverantwortlich mit uns und anderen umgehen. Diese Unausweichlichkeit ist eine Grenze, mit der wir alle leben müssen, die uns bedrückt, die uns aber nicht entmutigen darf.

Eine weitere Möglichkeit, Grenzen zu verändern, ist der Umgang mit anderen Menschen. Auf der Gefühlsebene kann man auch ihnen gelegentlich Zwiespältigkeit zugestehen und hört auf, sie durch unrealistische Forderungen zu belasten. Dies mindert die Verstimmungen, denn man ist dem anderen nicht mehr böse, weil er einen in den geforderten ausschließlichen Gefühlen enttäuscht. Man kann sich besser in ihn hineinversetzen und die Verantwortlichkeit für ihn bejahen. Man hört auf, ihn ändern zu wollen, um ihn lieben zu können, und akzeptiert ihn, wie er ist. Dies schafft für ihn oft die entspannte Atmosphäre, in der er sich wirklich ändern kann, wenn er dies möchte.

Auch im Körper spürt jeder seine Grenzen. Wir sind nicht beliebig körperlich belastbar und dürfen unsere Grenzen auch dort nicht bekämpfen mit dem Motto: »Reiß dich zusammen, stell dich nicht so an.« Erst wenn man die eigenen Grenzen ernst nimmt, kann man sie ein Stück weit beeinflussen und mit dem Autogenen Training nach neuen möglichen Wegen auf körperlichem Gebiet suchen.

Eine weitere Grenze, die wir bei uns beachten müssen, liegt im Bereich des Erfolgs. In jedem Leben gibt es Enttäuschungen, Niederlagen, Verlust und Wunden, die auch die Zeit nicht heilt. Wenn wir uns jedoch auf unsere Mißerfolge und erlebten Zurückweisungen konzentrieren, steht diese Haltung einem konstruktiven Lebensstil entgegen und führt zu Freudlosigkeit und Mißmut. Es kommt darauf an, wie wir mit diesen Situationen umgehen, welchen Wert wir ihnen zumessen. Gelassenheit darf nicht mit Gleichgültigkeit verwechselt werden, sondern es kommt auf die positive, aktive Erlebnisverarbeitung an. Winston Churchill hat es so formuliert: »Die Erfolgreichen sind Menschen, die wieder aufstehen, wenn andere liegenbleiben.« Sie sind nicht Menschen, die selbstverständlich nur Erfolg haben und nie hinfallen. Sie haben auch ihre Grenzen, aber sie stehen wieder auf und nutzen ihre eigenen realistischen Möglichkeiten zum Handeln und zur Selbstentfaltung. Wichtig ist dabei der Zeitfaktor. Man muß spüren, was im Augenblick für die eigene Person gut ist und ob man im Moment schon die Kraft hat zum Aufstehen. Und es ist hilfreich, wenn man nicht nur das Hinfallen bedauert, sondern in die Zukunft schaut. Man fragt sich, ob der Mißerfolg oder die Enttäuschung oder die Aufregung wohl in einer Stunde, in einem Tag, in einer Woche, in einem Monat, in einem Jahr noch wichtig ist. Meist klingen dann die momentanen extremen Gefühle von Versagen, Enttäuschung, Ärger und Zorn schnell ab, und die Perspektive normalisiert sich.

Um das Selbstvertrauen mit dem Autogenen Training zu stärken, wird eine lange Ruheübung gemacht. In der Ruhe betrachtet man die eigenen Grenzen auf einem bestimmten Gebiet und macht einen Vorsatz, der sie – gleichsam wie eine Voraussetzung – hinnimmt.

Der erste Vorsatz kann zum Beispiel lauten:

Ich akzeptiere meine Grenzen.
Ich beschränke mich.
Ich leiste, so gut ich kann.
Ich darf auch nein sagen.
Ich bin so freundlich wie möglich.
Ich arbeite in meinem eigenen Tempo.
Ich bin dankbar.
Ich gehe meinen Weg.
Ich bewältige nur meine Aufgabe.
Ich bleibe meinem Stil treu.

Mein Gleichgewicht ist wichtig.
Ich finde zu meiner eigenen Mitte zurück.
Gott nimmt mich an, wie ich bin.

Dieser erste Vorsatz wird gekoppelt an einen zweiten Vorsatz, der die eigenen Möglichkeiten, die Selbstbestimmung und die Handlungsfähigkeit verstärkt:

Ich lasse los.
Ich erreiche mein Ziel.
Ich handle selbstlos.
Ich behaupte mich.
Ich bleibe heiter.
Ich verstehe den anderen.
Ich fühle mich ein.
Ich spreche mutig.
Ich spüre, was nötig ist.
Ich handle zuversichtlich.

Wenn wir unserer eigenen Person mit ihren Grenzen und Möglichkeiten zustimmen, so wie sie durch unseren Lebensweg geworden ist, dann werden wir frei von dem Wahn, ständig Erfolg haben zu müssen, um uns selbst bejahen und uns selbst vertrauen zu können. Erst dann können wir auch dem anderen Menschen gelassen und tolerant gegenübertreten und auch ihm zugestehen, daß er die Person ist, die er ist. Wo einem diese Haltung begegnet, fühlt man sich wohl.

Dieses Selbstvertrauen der eigenen Person gegenüber hängt immer mit dem Selbstverständnis zusammen. Dort, wo man sich zutiefst geborgen fühlt, wurzelt das Selbstvertrauen. Diese Frage muß man sich persönlich stellen und seinem inneren Wesen und seiner Weltanschauung gemäß beantworten.

Die Oberstufe
des Autogenen Trainings
– autogene Imagination

Um das Autogene Training zu erweitern und seine Wirkung zu vertiefen, gibt es nun noch eine weitere Möglichkeit, die »Oberstufe« genannt wird. Das Ziel der »Grundstufe« besteht darin, durch tiefe Entspannung eine gesenkte Bewußtseinslage zu erreichen, in der der Mensch sich wie in einem kurzen Schlaf schnell erholen und regenerieren und in der er Vorsätze zur eigenen Person überdenken kann, um dann die gewonnenen Einsichten und Entscheidungen zu verwirklichen. Die Grundstufe macht die Oberstufe vorbereitend möglich.

In der Ruhe der autogenen Entspannung tritt eine Senkung des Bewußtseins ein, in der die Wahrnehmungsschwelle für Reize von außen und für Tätigkeiten des rational arbeitenden Gehirns herabgesetzt ist, in der aber innere Bilder hervorgerufen werden können. Da dies willentlich geschehen kann, spricht man von autogener Imagination. Diese inneren Bilder entsprechen in besonderer Weise der eigenen Person. Sie dienen weniger der Selbststeuerung als der Selbsterkenntnis und führen zu einer vertieften Ruhe. Oftmals ermöglichen sie den Weg zu einem neuen inneren Gleichgewicht.

Die Technik der Oberstufe

Da es kein einheitliches Konzept zum Umgang mit der Oberstufe gibt, stelle ich die autogene Imagination in der Form dar, wie ich sie seit Jahren in meinen Oberstufenkursen verwende. Es werden Bildmotive vorgestellt und diskutiert, wie sie zum Teil von J. H. Schultz und K. Thomas vorgeschlagen wurden. Sie haben sich zur Einführung und zum Erlernen der Technik der Oberstufe bewährt. Es gibt darüber hinaus natürlich noch eine Fülle weiterer Motive, und es gibt auch die Möglichkeit, Spontanbilder in der Ruhe in sich aufsteigen zu lassen. Auch hier gilt wieder, wie in der Grundstufe des Autogenen Trainings, daß jeder Mensch für seine Person und für seine momentane Situation herausfinden muß, was ihm guttut und was er im Augenblick braucht. Nur das, was dem eigenen Bedürfnis entspricht, sei es ein Ruhebild, sei es ein aufdeckendes Bild, sei es ein Phantasiebild zum Ausweichen, wird gewählt. Die vorgestellten Bildmotive helfen, Erfahrung mit verschiedenen Arten von Bildern zu machen, so daß man sie dann im Alltag nach dem eigenen Bedarf verwenden kann. Viele Menschen haben schon erlebt, daß ihnen oft Bilder einfallen. Nun lernt man, dies gezielt zu steuern. Es gelingt am besten in tiefer körperlicher Entspannung.

Die Oberstufenübungen werden stets in sehr entspannter Haltung gemacht, die Aufmerksamkeit ist frei schwebend, und man gibt sich im Anschluß an die Grundübung einen zusätzlichen Impuls, eine Anregung, ein Angebot. Auf diesen Impuls reagiert man spontan aus seinem Unbewußten, man antwortet aus seinem Inneren heraus. Man steuert sich nicht, man denkt nicht nach, man reflektiert nicht über ein Thema, sondern erlebt sich offen und erwartungsvoll. Gedanken, Vorstellungen, Erinnerungen, ungerufene Einfälle und Bilder steigen aus dem Inneren auf. Das Interesse ist nicht auf ein Ziel, auf ein Ergebnis, auf einen direkt anwendbaren Nutzen gerichtet, sondern der Mensch öffnet sich für seine eigene Innenperson, er schaut, was kommt, voll Erwartung, voll Offenheit und Bereitschaft, ganz absichtslos.

Die Oberstufenübungen können beliebig ausgedehnt werden. Im Sitzen muß man nur darauf achten, daß der Blutdruck in der tiefen Entspannung nicht zu weit absinkt, was man daran merkt, daß es einem im Kopf etwas schwindelig wird. Geschieht dies, so öffnet man die Augen und schaut einen ruhigen Punkt an, bis alles ein wenig verschwimmt, oder man spannt etwas an, indem man die Hände spreizt oder den Rücken aufrichtet. Im Liegen treten diese Störungen nicht auf, denn die ausgedehnte Ruheübung der Oberstufe führt oft an die Schlafgrenze; die Gedanken im Wachsein, im Subschlaf und im Traum sind kaum mehr zu trennen und zu unterscheiden.

Nach der tiefen Ruhe wird gezielt und stark zurückgenommen. Die Vorstellung lautet:

Die Bilder ziehen sich wieder zurück,
sie sind verschwunden.

Dabei kann die allen bekannte Erfahrung mit dem Farbfernseher helfen, bei dem man die Aus-Taste drückt, damit die Bilder verschwinden, und doch die lebhafte Erinnerung an die Bilder erhalten bleibt.

Die Verwendung der Oberstufenbilder

Die Oberstufenbilder werden nur dann gemacht, wenn man selbst das Bedürfnis dazu verspürt; sie werden also nicht systematisch eingeschliffen. Wenn man sich der tiefen Ruhe hingibt, macht man die bereichernde Erfahrung, daß das eigene Innere eine ungeahnte Fülle von Vorstellungen, Ideen und verschiedenartigen Bildern enthält. Es ist ein Schatz, über den jeder verfügt und zu dem er einen Zugang erlangen kann. Jeder erlebt mit Erstaunen, wie vielfältig, wie schöpferisch und wie tief der eigenen Person entsprechend die Bilder sind, die sich in der Ruhe der Oberstufe des Autogenen Trainings in ihm auftun. Durch Üben nimmt die Lebendigkeit der Vorstellungen zu.

Eine Besonderheit der Oberstufenbilder liegt nun darin, daß man sie sich auch im Wachzustand sehr gut merken und erinnern kann. Dadurch kann man mit ihnen »umgehen«, man kann sie immer wieder überdenken und kann oft aus ihnen eine persönliche Deutung oder momentane Hinweise entnehmen, die das eigene Leben und die eigene Sicht der Dinge betreffen.

Meist sind die Bilder, die man bei sich hervorrufen möchte, angenehm. Man lernt aber auch, wie man mit Negativbildern und problematischen Gefühlen umgehen kann, und spürt, wo man Hilfe von außen braucht. Dies führt zu einer fruchtbaren Selbstbesinnung. Dadurch wird der Mensch stabiler, lernt sich selbst besser kennen und ruht stärker in sich selbst.

Es werden nun einige Oberstufenbilder vorgestellt, und jeweils am Ende der Besprechung werden Anregungen dafür gegeben, wie sie hilfreich in die eigene Situation integriert werden können.

Die Oberstufenbilder

Die Farben

Als Einstieg in die Oberstufenübungen wählt man die Farben, entweder eine einzelne Farbe oder eine Folge von Farben, wie sie etwa im Spektrum gegeben ist.
Die Vorstellung lautet:

Vor meinem inneren Auge entwickelt sich eine Farbe.
Die Farbe steht klar vor mir.
Ich sehe und erlebe Violett,
Violett wird zu Blau,
Blau wird zu Grün,
Grün wird zu Gelb,
Gelb wird zu Orange,
Orange wird zu Rot.

Die Erfahrung hat gezeigt, daß für die meisten Menschen die Farbfolge von dunkel zu hell im Spektrum angenehm ist.
Man wartet in der Ruhe ab, ob man sich eine Farbe oder mehrere Farben gut vorstellen kann. Manche Menschen machen die Erfahrung, daß ihnen in der Ruhe einzelne Farben nicht vorstellbar sind, ja sogar ein unangenehmes, ablehnendes Gefühl auslösen. Anderen fällt bereits in der Grundstufe des Autogenen Trainings häufig eine bestimmte Farbe ein, die eine beruhigende Wirkung hat. Es spielt dabei keine Rolle, ob man sich die Farbe als Fläche, als Farbklecks, als Gegenstand oder Naturbild vorstellen kann. Auch Weiß, Schwarz oder Mischfarben wie Grau, Beige oder Braun werden häufig erlebt.
In der Oberstufe des Autogenen Trainings werden die Farben völlig unvoreingenommen angeschaut, ohne daß sie einer generellen, allgemeingültigen Deutung unterworfen

werden als Sinnbild für unsere Stimmungslage. So bedeutet Schwarz auch nicht, daß man depressiv ist, sondern Schwarz taucht häufig auf als beruhigender Ausgleich zu einer sehr lebhaften Farbe wie Rot, Orange oder Gelb. Ziel ist es, herauszufinden, in welcher Farbe man sich besonders wohl fühlt, dies ist dann die Ruhefarbe oder die Eigenfarbe. Häufig ist es eine andere Farbe als die Lieblingsfarbe. Im Wachzustand hat der Mensch oft einen anderen Farbeindruck als in der Ruhe, denn alle Farben werden ambivalent erlebt. Rot kann zum Beispiel Blut, Feuer, Zerstörung vermitteln, aber auch Kraft, Gesundheit und Lebensfreude. Erst in der Ruheübung kann der Mensch für sich selbst erspüren, ob diese Farbe in ihrer anspannenden oder entspannenden Seite im Augenblick auf ihn wirkt. Wird eine Farbe oder eine Farbkombination als wohltuend empfunden, so ist sie ausgleichend und beruhigend.

Eine Kursteilnehmerin berichtete, sie habe als Kind eine handgewobene Decke in einer ganz sonderbaren Mischfarbe gehabt. In dieser Gelbbraun-, Rost- und Rot-Färbung habe sie sich so wohl gefühlt wie sonst nie mehr. Als die Decke jedoch vom vielen Gebrauch zerschlissen war, habe die Mutter sie fortgeworfen und durch eine ähnliche ersetzt, die aber nie mehr jene beruhigende Wirkung ausübte. In der Oberstufenübung erschien ihr spontan diese Decke, deren Farbstruktur sie auch jetzt nicht genau beschreiben konnte, aber sie spürte wieder den Farbeindruck, die Ruhe und den Frieden, den diese Farben in ihr wachrufen. Nun kann sie diese Farben jederzeit vor ihrem inneren Auge entstehen lassen, wenn sie es möchte.

Die Eigenfarbe läßt sich sinnvoll bei Belastungen im Alltag verwenden. Man stellt sich vor, daß ein Vorhang in der eigenen Ruhefarbe wie im Theater herabsinkt und Belastendes für die kurze Zeitspanne der Erholung im Autogenen Training vom wachen Bewußtsein trennt. Man kann sich auch vorstellen, daß man sich in ein Farbmeer eintauchen läßt, ganz ruhig, ganz entspannt, ganz gelöst.

Die konkreten Gegenstände

Die nächste Möglichkeit, die Wirkung der Grundstufe des Autogenen Trainings zu vertiefen, ist die Hinwendung zu einem Gegenstand. Das Ziel ist die Ablenkung vom eigenen Ich. Indem man sich in der Ruhe vor dem inneren Auge die Betrachtung eines konkreten Gegenstandes vornimmt, werden die Gedanken zu diesem Gegenstand geleitet. Es ist günstig, einen Gegenstand zu wählen, von dem man erwartet und spürt, daß er einen anspricht.

Die Vorstellung lautet:

Vor meinem inneren Auge entwickelt sich ein Bild, ich sehe eine Kerze,
eine Blume,
ein Herbstblatt,
eine Brücke.

Nun wendet man seine Aufmerksamkeit der sorgfältigen Betrachtung dieses einen Gegenstandes zu:

Was für eine Kerze ist es,
kann man ihre Wärme spüren?
Wo steht die Blume,
wie sieht sie genau aus,
kann man ihren Geruch wahrnehmen?
Wie fühlt sich das Herbstblatt an,
hört man es rascheln?
Wo kommt die Brücke her,
wo führt sie hin,
kann man sie unter den Füßen spüren?

Je genauer man hinschaut, desto mehr Einzelheiten, Begleitumstände, Gefühle und Erinnerungen tun sich auf. Indem man die Gegenstände auf sich wirken läßt, entdeckt man ihre Mannigfaltigkeit, ihr Geheimnis, ihren Glanz.

Dies erleichtert uns das Verweilen im Bild. Wichtige Dimensionen unseres menschlichen Lebens gehen uns auf, weil jeder Gegenstand auch eine hintergründige Bedeutung hat. In einer Kerze spüren wir das Wunder des Lichtes, in einer Blume die Lebendigkeit, in einem Herbstblatt die Vergänglichkeit und in einer Brücke den Weg nach vorne.

Die Betrachtung eines Gegenstandes kann im Alltag hilfreich verwendet werden, wenn man unter »Zeitdehnung« leidet, wenn einem die Zeit lang wird, weil man niedergeschlagen ist, warten muß, krank ist oder nicht schlafen kann und deshalb die Zeit im Schneckentempo vergeht. Durch die Oberstufenübung kann man die objektiv gleiche Situation subjektiv erfreulicher erleben. Indem man die Freude beim Hinschauen auf den konkreten Gegenstand erlebt, flutet das Leben reich und intensiv in die entstandene Leere hinein.

Ein sehr fruchtbares Thema zur Betrachtung eines Gegenstandes ist das »Haus der Kindheit«. Es ist erstaunlich, wie lange man dort verweilen kann, wie viele Einzelheiten einem einfallen, wenn man durch alle Zimmer geht, an die man zum Teil schon lange nicht mehr gedacht hat. Für viele Menschen ist es das Haus der Oma oder eines anderen wichtigen Menschen, in das man gerne zurückkehrt. Oft erlebt man beglückend, daß auch dort, wo es das wirkliche Haus der Kindheit nicht mehr gibt, das Haus doch als lebendiger Teil der eigenen Lebensgeschichte im Bild vorhanden ist.

Jeder hat im Haus der Kindheit auch Bedrückendes erlebt. In der Oberstufe des Autogenen Trainings ergibt sich die Möglichkeit, dieses in sich erstehen zu lassen, wenn man daran arbeiten möchte, um besser damit umgehen zu können. Meist möchte man sich aber auf das Positive besinnen, das auch jeder in seiner Kindheit erlebt hat. Die Vorstellung lautet dann:

Ich sehe das Gute im Haus der Kindheit.

Wenn man ein Ruhebild erleben möchte, läßt man seinen Blick auf dem Erfreulichen ruhen, obwohl man weiß, daß es auch anderes in der Kindheit gab. Man hat stets die Wahl, wohin man schaut. Die Dichterin Mascha Kaléko faßt dies in die Worte:

Die Nacht,
In der
Das Fürchten
Wohnt,

Hat auch
Die Sterne
Und den
Mond.

Die Fremdperson

Häufig sind wir in einer bestimmten Lebenssituation sehr angespannt, weil wir Probleme mit einem Menschen aus unserer Umgebung haben. Man kann nun die Oberstufenübung dazu verwenden, sich über die eigenen Gefühle diesem Menschen gegenüber klarer zu werden, um dann sinnvollere Vorsätze und Verhaltensmuster zu finden.

Man stellt sich im Anschluß an die ausgedehnte autogene Übung diesen Menschen vor. Die Vorstellung lautet:

Ich sehe den anderen.

Man wählt einen Menschen, der einem etwas ferner steht und mit dem man irgendwelche Schwierigkeiten hat: der Chef, die Nachbarn, Freunde. Oft spürt man eine Hemmung, sich sehr nahestehende, geliebte Menschen vorzustellen, weil man fürchtet, von aufsteigenden Gefühlen überschwemmt zu werden. Man erinnert sich an die Gestalt, die

Worte, die Gebärden, an wichtige Situationen. Und man kann sich die zusätzliche Frage stellen:

*Was stört mich,
und was gefällt mir?*

Es entsteht ein vom Gefühl gesteuertes momentanes Bild des anderen Menschen wie ein Foto, das ein Bild vom Augenblick festhält, wobei es aber stets die Möglichkeit gibt, daß dies Bild zu einer anderen Zeit anders ausfällt. Auch wenn man einen Menschen nicht ändern kann, so kann man doch die Einschätzung seiner Handlungsweisen differenzieren, so daß man sie nicht nur schwarz oder weiß sieht. Man kann sich vorstellen, wie man auf die guten Verhaltensweisen einfühlsam und anerkennend eingeht und wie man sensibler beim anderen spürt, wo überhaupt positive Ansätze möglich sind. Man kann in der Ruhe neue eigene Verhaltensweisen vor dem inneren Auge durchspielen, die weniger von Angst und Aggression geprägt sind. Die Kernzone des Konflikts wird einem deutlich. Man merkt auch, wo man vorsichtig sein sollte, denn oft enthalten die Bilder eine Warnung, die vor zu naiver Leichtgläubigkeit oder vor zu unkontrolliertem Abreagieren von Ärger und Enttäuschung schützt. Indem man lernt, Grenzen und Abstand einzuhalten, wird oft eine schwierige Beziehung erträglich, und man wird wieder handlungsfähig.

Eine Studentin sah ihre Wirtin in der Zimmertüre stehen, sie fragte: »Wann sind Sie denn gestern heimgekommen und mit wem?« Da verwandelte sich die Frau in einen schnüffelnden Hund, der etwas aufspüren will. Sofort war ihr klar, daß das Bild zu mehr Vorsicht rät, daß sie ihren Schreibtisch lieber abschließen sollte.

Ein Kursteilnehmer sah seinen sehr verschlossenen Chef, wie er montags nur flüchtig grüßend durch das Büro ging. Zu seinem Erstaunen erhob er sich selbst im Bild von seinem Stuhl, ging auf den Chef zu, reichte ihm die Hand und sagte: »Ich hoffe, Sie hatten ein angenehmes Wochenende«, woraufhin der Chef zu erzählen begann. Das Bild zeigte ihm, daß er gefühlsmäßig spürt, daß er auf den Chef zugehen sollte, der innere Vorsatz wird verstärkt.

Durch das Wahrnehmen des Innenbildes können wir die Stellen erspüren, an denen wir dem anderen die Chance des Lernens am Erfolg ermöglichen können, die sich positiv auf sein Verhalten auswirken kann. Je differenzierter wir den anderen sehen, desto größer wird die Basis und damit die Möglichkeit einer besseren Verständigung und einer Weiterentwicklung der Beziehung. Dies eröffnet eine wichtige Voraussetzung für die Fähigkeit, harmonisch mit anderen Menschen zusammenzuleben, Vertrauen zu wagen und auch eindeutige Grenzen zu setzen.

Die Eigenperson

Die Oberstufe des Autogenen Trainings kann für den verbesserten Umgang mit der eigenen Person eine große Hilfe sein. Oft fühlen wir uns deswegen angespannt und unruhig, weil wir nicht wissen, »was uns auf der Seele liegt«. Wir spüren nur, daß uns etwas bedrückt. Wenn man klarer durchschaut, wie man selbst eine Situation gefühlsmäßig einschätzt, kann man auch gezielter verstandesmäßige Entscheidungen treffen und diese im Vorsatz des Autogenen Trainings verstärken, bekräftigen und in der Durchführung begünstigen. Da wir immer als ganze Person reagieren, ist es wichtig, daß wir lernen, nicht nur unseren Verstand, sondern auch die stets vorhandenen Gefühle bei uns selbst klarer wahrzunehmen. In der Abschirmung der Entspannung läßt man ein Bild von der eigenen Person entstehen. Am besten gelingt die Entfaltung des Innenbildes durch die Vorstellung:

*Ich sehe mich als Person
in einem Spiegel,
auf einem Foto,
in einer Schaufensterscheibe,
in einem ruhigen See.*

Wie sehe ich mich? Was sehe ich von mir? Was fühle ich? Was sagt mir das Bild?

Manchmal sieht man die ganze Person, manchmal sieht man sich in einer längst vergangenen Zeit, manchmal mit einem ganz bestimmten Gesichtsausdruck. Häufig kann man das Bild für sich selbst sofort deuten:

Eine depressive Mutter kleiner Kinder sah sich in einem wunderbaren Ballkleid. Sie spürte sofort, daß sie zu sehr ans Haus gebunden war und öfter ausgehen sollte.

Ein Mann sah sein Gesicht im Badezimmerspiegel umrahmt von grauen Haaren. Ihm wurde bewußt, daß er sich mit seinem Älterwerden gefühlsmäßig auseinandersetzen müßte, damit er sich nicht mehr so getrieben fühlte.

Eine ältere Witwe sah ihr jugendliches Spiegelbild in einem Bergsee, zu dem sie als Braut mit ihrem Mann gewandert war. Sie war getröstet durch die Ruhe, die dieses Bild ausstrahlte, durch die beglückende Erinnerung, die Teil ihres Lebens ist und die ihr niemand nehmen kann.

Manchmal sieht man sich auch ganz alltäglich im Flurspiegel oder in einer Schaufensterscheibe, in die man im Vorbeigehen häufig schaut. Dann wird einem klar: Ja, das ist mein Leben im Alltag, schlicht, sich wiederholend und doch als Augenblick wertvoll, denn der größte Teil unseres Lebensweges besteht aus diesen vielen alltäglichen Schritten, die wir wahrnehmen müssen, um sie intensiv zu erleben.

Auf einem Foto sieht man sich dagegen oft in den herausragenden besonderen Augenblicken des Lebens, bei einem Kindergeburtstag, bei der Hochzeit, im Urlaub. Häufig ist dies ein Hinweis dafür, daß die Erinnerung an Höhepunkte im Leben eine besondere Kraftquelle sein kann, die den

Alltag erhellt und dadurch erträglicher macht: Stationen auf unserem Lebensweg, festgehalten im Bild, gemeisterte Lebenssituationen, ein Teil unseres einen, einmaligen Lebens.

Der Meeresgrund

Beim Bild vom Meeresgrund begibt sich der Mensch in den Bereich der Phantasie. Man stellt sich vor, man steht am Rand des Meeres und möchte sich zum Meeresgrund aufmachen. Voll Neugierde und Spannung erwartet man, was man dort in dieser fremden und zugleich faszinierenden Welt antreffen wird. Es gibt verschiedene Weisen, wie man zum Meeresgrund gelangen kann: Man kann vom Strand aus hineingehen, man kann von einem Boot aus oder von der Küste aus hineinspringen, man kann sich treiben lassen auf dem Meer und dann absinken. Nun wartet man, was einem dort unten begegnet, und engt diese Erwartung nicht durch die Realität ein, wie man sie sich verstandesmäßig klarmacht. Man bleibt völlig offen. Häufig sehen die Menschen dort unten Licht oder ihre Eigenfarbe, bunte Fische, weichen Sand, Pflanzen, die sich hin- und herwiegen. Aber auch Palmen, Höhlen, Schlösser, Schiffswracks und seltsame Gesteinsformationen werden entdeckt. Gelegentlich tauchen Bedrohungen auf: Es ist ganz dunkel, Haie kommen geschwommen, ein Krake lauert in einer Felsspalte. Dann weicht man noch weiter in das Reich der Phantasie aus. Man stellt sich vor, daß man einen Zauberstab besitzt, mit dem man die Dinge verändern kann: Licht durchflutet das Bild, wo vorher Nacht war, eine Taucherausrüstung schützt vor Sauerstoffmangel und vor Verletzungen durch Korallen, gefährliche Fische werden abgewehrt.

Hierbei wird eine grundlegende Erfahrung vermittelt: Dort, wo in der Oberstufe des Autogenen Trainings bedrohende Bilder aufsteigen, weicht man aus, man verwandelt sie in der Phantasie, man verändert sie so, daß man sie ertragen kann, und bleibt auf diese Weise in der Entspannung. In jedem Menschen schlummern viele Ängste, die sich auf der rationalen Ebene nicht fassen lassen. Sie steigen oft ganz unerwartet aus uns auf und lähmen und verspannen uns. Es sind Urängste, die stets mit einer starken Sehnsucht nach Geborgenheit verbunden sind. Wenn sie in der Oberstufe des Autogenen Trainings auftauchen, läßt man sich nicht von ihnen überschwemmen, sondern weicht in den Bereich der Phantasie aus, man erlebt dort Allmachtsgedanken, die bewahren und retten und die große Spannung auflösen. Diese Verfahrensweise verwenden wir ja auch im Alltag. Wenn wir uns über jemanden ärgern, schreiben wir ihm in Gedanken einen unverschämten Brief; wenn uns jemand verletzt, stellen wir uns vor, wie wir ihm Böses antun; wenn wir vor etwas Angst haben, stellen wir uns vor, wir sind ein Held. Diese Vorstellungen werden dann nicht realisiert, sie bringen uns aber gefühlsmäßig Erleichterung. Sie sind gleichsam das Ventil, durch das ein wenig Dampf abgelassen wird, wenn der Überdruck im Dampfkochtopf zu groß wird. Sie sind eine legitime Weise, durch das vorübergehende Ausweichen in den Bereich der Phantasie unerträgliche Spannung zu vermeiden, die den Menschen so sehr belasten kann, daß er krank wird. Im Ausweichen tankt man neue Kräfte auf.

Es kann natürlich auch sein, daß einem auf dem Meeresgrund eine Bedrohung bewußt wird, der man sich stellen will. Manchmal kann man selbst damit fertig werden, manchmal spürt man auch, daß man ein beratendes Gespräch braucht oder daß man ein Problem grundlegend mit Hilfe eines Therapeuten bearbeiten sollte.

Man vollendet die Übung, indem man vom Meeresgrund mit neuen Eindrücken zurückkehrt wie von einer Urlaubsreise, so daß man sich anschließend der Realität des Alltags wieder zuwenden kann.

Wem der Gang zum Meeresgrund nicht zusagt, der kann

sich in der Phantasie ein Luftschloß bauen, oder er kann wie im Märchen auf einem Teppich davonfliegen.

Die Bergeshöhe

Der Gang zur Bergeshöhe ist für die meisten Menschen eine sehr erfreuliche Erfahrung. Man erinnert sich in der Ruhe an eine Bergwanderung oder an eine Bergbesteigung, die man selbst schon erlebt hat. Es können dabei ohne weiteres verschiedene Wanderungen miteinander vermischt werden, und es können sich auch Bilder in den Gedanken einstellen, die so in der erlebten Wirklichkeit nicht gewesen sind. Es ist ein Ausflug, bei dem nicht die Höhe um der Höhe willen erklommen wird, sondern man genießt den Weg, der Aufstieg erfreut, die Beobachtungen am Wegesrand beglücken, der Ausblick ist befreiend.

Man beginnt die Übung mit der Vorstellung:

Ich stehe am Fuß eines Berges
und beginne, ihn zu besteigen.

Man spürt die Atmosphäre des Urlaubs, man erfährt die Gelöstheit, die Stille, die uns empfänglich macht für alles Schöne. Wir verweilen staunend bei Ausblicken, wir bewundern eine Pflanze am Weg, wir sind betroffen und angerührt von der Größe und Unberührtheit der Bergwelt. Wir sind ganz bei der Sache, sind ganz gesammelt und hingegeben an das Betrachten. Oben auf der Spitze des Berges wird oft das Gipfelkreuz erinnert, und immer wieder berichten Menschen von religiösen Erlebnissen, die sie über den Alltag hinausheben. Man erlebt eine Bergmesse, hört einen Choral.

Es sind Teile eigenen Erlebens, die aktualisiert werden, frohe und tröstliche Erinnerungen, die mit ihrer Ausstrahlung unser Gemüt erhellen. Es sind Schätze, die wir in uns tragen und die wir in der Oberstufe des Autogenen Trainings betrachten können, um uns an ihnen zu erfreuen und dankbar zu werden für das Gute, das wir in unserem Leben genießen durften. Wenn wir uns das Gemüt mit solchen Erinnerungen aus der Natur und eigenem Erleben erwärmen, so kann uns die Kälte des Alltags nicht so leicht zum Erstarren bringen.

Gesundheitlich wirkt sich die Imagination friedlicher Szenen günstig auf Senkung des Blutdrucks, die Verlangsamung des Herzschlags und die Beruhigung des Magens aus. Die Organe reagieren positiv auf die Gesamtstimmung von Wohlbefinden. Eine ähnlich positive Wirkung kann das Bild von der Wiese oder von einer Bootsfahrt haben.

Die abstrakten Werte

Wenn man sich in der Ruhe der autogenen Übung einen abstrakten Begriff vorstellt, so fällt den meisten Menschen zu diesem Begriff eine Fülle von Bildern ein. Entweder kann man viele Bilder und Einfälle an sich vorbeiziehen lassen, oder aber man wählt ein Bild aus, bei dem man verweilt. Man formuliert für sich in der Ruhe:

Ich sehe und erlebe:

oder

Was bedeutet für mich:
Schönheit, Ruhe, Geborgenheit,
Harmonie, Freude, Entspannung,
Wärme?

Da man durch diese abstrakten Begriffe bei sich selbst Wohlbefinden auslösen möchte, wählt man positiv besetzte Werte, denen man sich in der Ruhe gefühlsmäßig zuwendet.

Die Oberstufenbilder 131

Negative Gefühle dagegen möchte man zwar erkennen, um mit ihnen besser umgehen zu können, aber man möchte sie nicht verinnerlichen. Negative abstrakte Werte werden deswegen nur in ganz gezielter Fragestellung verwendet:

Ich sehe, was mir Kummer macht.
Ich erkenne meine Angst.
Wo gründet mein Mißtrauen?
Woher rührt meine Erschöpfung?

Das sich einstellende Negativbild führt entweder zu neuer Erkenntnis oder bestätigt gefühlsmäßig das, was man im Wachzustand bereits wußte. Es soll zu einem Verhaltensvorsatz führen und wird deswegen in der Ruhe nicht ausgedehnt. Oder aber es werden die aufsteigenden bedrückenden Gefühle ausgeglichen und aufgewogen, indem man anschließend eine Oberstufenübung mit einem positiven abstrakten Begriff macht. Dabei ist es besonders wichtig, daß man die Innenschau nicht einengt, sondern daß man kommen läßt, was kommen will, alles wird akzeptiert. So engt man zum Beispiel bei dem Begriff »Schönheit« die Bilder nicht durch klassische, allgemein akzeptierte Vorstellungen von Schönheit ein, sondern fragt sich voll Neugierde:

Was bedeutet eigentlich für mich Schönheit?

Häufig fallen einem dann ganz unterschiedliche Dinge ein, die oft unverbunden nebeneinander stehen: ein Kindergesicht, ein Bild von Picasso, ein Abendhimmel, griechische Säulen, das aufgewühlte Meer, ein entspannt sich sonnender Hund, ein Schmetterling. Manchmal hört man Musik, die man kennt, man sieht sich in einem Konzertsaal, man erlebt sich beim Mischen von Farben, um selbst etwas zu malen, man streichelt ein Gesicht: Schönheit in unserem Leben, vielfältig, beglückend, entspannend, reichmachend und auch ausgleichend. Unser Alltag ist ja sehr oft nicht geprägt von den positiven abstrakten Begriffen, und deswegen ist es eine Kraftquelle, sich in einer Pause diesem inneren Schönen zuzuwenden. Dieses positive Erleben kann durch die Hinwendung zu abstrakten religiösen Begriffen verstärkt werden:

Gnade, Glaube, Erlösung.

Es ist bewegend, welche Tiefe religiösen Bewußtseins dabei spürbar wird, wie die Menschen erleben, daß ihr Leben viel stärker in der Innerlichkeit religiöser Geborgenheit verwurzelt ist, als sie sich oft bewußtmachen. Diese Bilder werden stets begleitet von dem Gefühl der Beglückung.

Die abstrakten Begriffe können ganz gezielt Verwendung finden, wenn man sich meditativ versenken möchte. Sie bedeuten aber auch eine Hilfe und vielleicht sogar einen Rettungsanker für Extremsituationen, wie es von Menschen berichtet wird, die eingeschlossen, verschleppt oder gefangengehalten waren. Sie konnten sich seelisch stabil halten, weil sie durch die Hinwendung zu den eigenen inneren Tiefen und Wurzeln einen Zugang zu stabilisierenden Kraftquellen fanden, die Leben und psychische Gesundheit erhielten. So drückt es Eichendorff in einem Gedicht aus:

Schläft ein Lied in allen Dingen,
die da träumen fort und fort,
und die Welt hebt an zu singen,
triffst du nur das Zauberwort.

Schlußwort

Mit der Selbsthilfe durch Autogenes Training lernt man, beide Seinsweisen, Anspannung und Entspannung, wahrzunehmen, zu beeinflussen und intensiv zu erleben. Dadurch kommt man in einen guten Eigenrhythmus, der mit ausgeglichener Stimmung einhergeht. Man kann sich auf bevorstehende Bewährungssituationen vorbereiten, die Belastbarkeit erhöhen, bessere Konfliktlösungen finden und eine Harmonie seiner körperlichen, seelischen und geistigen Kräfte erleben. Dadurch wächst die Sensibilität, die Erlebnisfähigkeit und die Selbsterkenntnis.

Mit Hilfe der Innenbilder kann man sich eine Insel der Ruhe schaffen, wo man Kräfte für die aktive Lebensgestaltung im Alltag sammelt. Wenn man so aus der Entspannung lebt, wird man fähiger, innerhalb seiner persönlichen Grenzen den eigenen Lebensentwurf zu verwirklichen.

Literaturverzeichnis

Ammann, A.: Aktive Imagination, Olten 1986
Bernstein, D.; Borkovec, T.: Entspannungstraining, München 1982
Bach, G.; Wyden, P.: Streiten verbindet, Düsseldorf 1978
Biermann, G.: Autogenes Training mit Kindern und Jugendlichen, München 1978
Binder, H.: Seminar über Gruppentherapie mit dem Autogenen Training und Einführung in die Hypnose, München 1971
Brand-Hetzel, C.: Autogenes Training, München 1986
Brenner, H.: Autogenes Training Schritt für Schritt, München 1978
Brenner, H.: Entspannungstraining für alle, München 1982
Cohn, R.: Von der Psychoanalyse zur themenzentrierten Interaktion, Stuttgart 1980
Dyer, W.: Der wunde Punkt, Reinbek 1983
English, F.: Es ging doch gut, was ging denn schief?, München 1982
Goulding, M. und R.: Neuentscheidung, Stuttgart 1981
Hannah, B.: Begegnungen mit der Seele, München 1985
Hanson, P.: The Joy of Stress, London, Pan Books 1987
Haring, C.: Lehrbuch des Autogenen Trainings, Stuttgart 1979
Hoffmann, B.: Handbuch des autogenen Trainings, München 1979
Kirschner, J.: Hilf dir selbst, sonst hilft dir keiner, München 1978
Kraft, H.: Autogenes Training, Stuttgart 1982
Krapf, G.: Autogenes Training aus der Praxis, Berlin 1980
Kruse, W.: Einführung in das Autogene Training mit Kindern, Köln 1980
Lazarus, A.: Innenbilder, München 1980
Lindemann, H.: Überleben im Streß, Autogenes Training, München 1978
Meares, A.: Relief without Drugs, Great Britain Souvenir Press 1985
Mensen, H.: ABC des Autogenen Trainings, München 1979

Müller, E.: Bewußter leben durch Autogenes Training und richtiges Atmen, Reinbek 1984
Müller, E.: Du spürst unter deinen Füßen das Gras, Frankfurt 1983
Müller-Hegemann, D.: Autogene Psychotherapie, Reinbek 1981
Peter, B.; Gerl, W.: Entspannung, München 1983
Rosa, K.: Das ist Autogenes Training, München 1977
Rosa, K.: Das ist die Oberstufe des Autogenen Trainings, München 1977
Schultz, J.: Das Autogene Training, Stuttgart 1979
Schultz, J.: Übungsheft für das Atogene Training, Stuttgart 1980
Schulz von Thun, F.: Miteinander reden: Störungen und Klärungen, Reinbek 1981
Seifert, T.: Therapie und Selbsterfahrung, Stuttgart 1986
Selye, H.: Stress, Reinbek 1982
Singer, J.; Pope, K.: Imaginative Verfahren in der Psychotherapie, Paderborn 1986
Shorr, J.: Psycho-Imagination, Hamburg 1981
Steinfeld, L.: Autogene Meditation, Düsseldorf 1980
Stokvis, B.; Wiesenhütter, E.: Lehrbuch der Entspannung, Stuttgart 1979
Thomas, K.: Praxis der Selbsthypnose des Autogenen Trainings, Stuttgart 1976
Tilmann, K.: Die Führung zur Meditation, Köln 1981
Wallnöfer, H.: Seele ohne Angst, Hamburg 1972
Wallnöfer, H.: Gesund mit Autogenem Training, Innsbruck 1979
Wilkie, W.: Understanding Stress Breakdown, Richmond, Australia 1985

Ellynor Barz
Selbstbegegnung im Spiel
Einführung in das Psychodrama
160 Seiten, kartoniert
ISBN 3-268-00065-7

Was geschieht im Psychodrama? Wie können wir in diesem selbstinszenierten Spiel ohne vorgeschriebenen Rollentext uns selbst begegnen? Und was bewirkt das »Drama«, das sich hier ereignet oder wiederereignet, in unserer Seele? Diesen Fragen geht das vorliegende Buch gründlich, anschaulich und praxisnah nach. Ellynor Barz beleuchtet die von J.L. Moreno (1889–1974) entwickelte Theorie des Psychodramas aus der Sicht der Analytischen Psychologie C.G. Jungs, wobei sich der archetypische Charakter des Psychodramas als der eigentliche Grund seiner bewußtseinserweiternden und heilenden Möglichkeiten erweist.
Im weiteren bezieht das Psychodrama seine therapeutische Kraft daraus, daß es sich einerseits der schöpferischen Möglichkeiten bedient, die durch die Zusammenarbeit einer kleinen Gruppe gegeben sind, während es andererseits ganz auf die therapeutische Förderung des einzelnen bedacht ist.
Und schließlich verweist das Psychodrama, in einen weiten kulturhistorischen Zusammenhang gestellt, als »heilendes Spiel« letztlich auf die Dimension des Religiösen.

Kreuz Verlag

Walter und Bärbel Bongartz
Hypnose
Wie sie wirkt und wem sie hilft
160 Seiten, kartoniert
ISBN 3-268-00061-4

Viele Menschen sind fasziniert vom Phänomen Hypnose, und viele Patienten suchen in ihr verzweifelt letzte Rettung, wenn alle anderen Heilmethoden versagen. Dieses Buch gibt Auskunft darüber, was Hypnose ist, wie sie herbeigeführt wird, was sie von der Bühnenhypnose, von anderen Entspannungstechniken wie z. B. dem Autogenen Training und anderen nicht-medikamentösen Heilmethoden unterscheidet und wie und wo sie erfolgreich in der Behandlung von Schmerzen, Ängsten, Depressionen, psychosomatischen Krankheiten und Krebs eingesetzt werden kann.
Die Autoren zeichnen dabei in ihrem außerordentlich klar und einfach geschriebenen Buch, das sich auf die neuesten wissenschaftlichen Forschungsergebnisse abstützt, die spannende Geschichte der Hypnose vom antiken Tempelschlaf bis zur heutigen Wissenschaft nach.

Kreuz Verlag